Educação e ordem social

FUNDAÇÃO EDITORA DA UNESP

Presidente do Conselho Curador
Mário Sérgio Vasconcelos

Diretor-Presidente
Jézio Hernani Bomfim Gutierre

Superintendente Administrativo e Financeiro
William de Souza Agostinho

Conselho Editorial Acadêmico
Danilo Rothberg
João Luís Cardoso Tápias Ceccantini
Luiz Fernando Ayerbe
Marcelo Takeshi Yamashita
Maria Cristina Pereira Lima
Milton Terumitsu Sogabe
Newton La Scala Júnior
Pedro Angelo Pagni
Renata Junqueira de Souza
Rosa Maria Feiteiro Cavalari

Editores-Adjuntos
Anderson Nobara
Leandro Rodrigues

BERTRAND RUSSELL

Educação e ordem social

Tradução
Fernando Augusto Lopes

© 2010 The Bertrand Russell Peace Foundation
Todos os direitos reservados
Tradução autorizada da edição em língua inglesa
publicada pela Routledge, membro da Taylor & Francis Group
© 2018 Editora Unesp

Título original: *Education and the Social Order*

Direitos de publicação reservados à:
Fundação Editora da Unesp (FEU)
Praça da Sé, 108
01001-900 – São Paulo – SP
Tel.: (0x11) 3242-7171
Fax: (0x11) 3242-7172
www.editoraunesp.com.br
www.livrariaunesp.com.br
feu@editora.unesp.br

Dados Internacionais de Catalogação na Publicação (CIP) de acordo com ISBD
Elaborado por Vagner Rodolfo da Silva – CRB-8/9410

R961e

Russell, Bertrand
 Educação e ordem social / Bertrand Russell; traduzido por Fernando Augusto Lopes. – São Paulo: Editora Unesp, 2018.

 Tradução de: *Education and the social order*
 Inclui bibliografia.
 ISBN 978-85-393-0752-4

 1. Filosofia. 2. Educação. 3. Sociedade. 4. Século XX. 5. Russell, Bertrand. I. Lopes, Fernando Augusto. II. Título.

CDD: 100
CDU: 1

Editora afiliada:

Asociación de Editoriales Universitarias
de América Latina y el Caribe

Associação Brasileira de
Editoras Universitárias

Sumário

1. O indivíduo *versus* o cidadão   7
2. A teoria negativa da educação   23
3. Educação e hereditariedade   37
4. Emoção e disciplina   47
5. Casa *versus* escola   55
6. Aristocratas, democratas e burocratas   65
7. O rebanho na educação   77
8. Religião na educação   89
9. Sexo na educação   103
10. Patriotismo na educação   117
11. Sentimento de classe na educação   129
12. Competição na educação   143
13. Educação no comunismo   159
14. Educação e economia   175
15. Propaganda na educação   189
16. A reconciliação da individualidade e da cidadania   205

Índice remissivo   221

1.

O *indivíduo* versus o *cidadão*

Todos os Estados modernos civilizados consideram a educação desejável; no entanto, essa proposta sempre foi contestada por alguns homens cujo discernimento merece respeito. Aqueles que se opõem à educação o fazem porque esta não pode atingir seus objetivos declarados. Portanto, para poder examinar adequadamente a sua opinião, é necessário decidir o que a educação deve realizar, caso seja possível: nessa questão, os pontos de vista variam tanto quanto as diversas concepções de bem-estar humano. Contudo, há uma grande cisão de temperamento, mais profunda do que todas as demais controvérsias – a cisão entre os que examinam a educação em relação à psique do indivíduo e os que a examinam em relação à comunidade.

Pressupondo (conforme a argumentação que será apresentada no próximo capítulo) que a educação tem de fazer algo para proporcionar treinamento, em vez de apenas evitar obstáculos à evolução, surge a dúvida se a educação deve treinar bons indivíduos ou bons cidadãos. Pode-se dizer, como diria qualquer pessoa de tendências hegelianas, que não pode haver antítese entre o bom cidadão e o bom indivíduo. O bom indivíduo é aquele que busca o bem do todo, e o bem do todo é um padrão formado pelo bem dos indivíduos. Na qualidade de verdade metafísica suprema, não estou preparado nem para combater nem para apoiar essa tese, mas, na vida prática cotidiana, a educação que provém de considerar a criança como indivíduo é muito diferente daquela que a considera como futuro cidadão. À primeira vista, o cultivo da mente do indivíduo não equivale à produção de um cidadão útil. Goethe, por exemplo, foi um cidadão menos útil que James Watt, mas, como indivíduo, deve ser considerado superior. Existe o bem do indivíduo, que é distinto de uma pequena fração do bem da comunidade. Pessoas diferentes têm concepções diferentes quanto ao que constitui o bem do indivíduo, e não tenho intenção nenhuma de discutir com aqueles que possuem uma opinião diferente da minha. Entretanto, seja qual for a opinião defendida, é difícil negar que o cultivo do indivíduo e o treinamento do cidadão são coisas diferentes.

O que constitui o bem do indivíduo? Tentarei dar minha própria resposta sem sugerir, de forma alguma, que devem concordar comigo.

Acima de tudo, o indivíduo, assim como as mônadas de Leibniz, deve espelhar o mundo. Por quê? Não posso dizer o motivo disso; porém, o conhecimento e a capacidade de compreender me parecem atributos admiráveis, motivo pelo qual prefiro Newton a uma ostra. Parece-me que o homem que mantém em sua mente, como em uma câmara escura, concentrados e fulgurantes, as profundezas do espaço, a evolução do Sol e dos planetas, as eras geológicas da terra e a breve história da humanidade realiza algo distintamente humano, que contribui mais para o diversificado espetáculo da natureza. Eu não

Educação e ordem social

mudaria de opinião quanto a isso nem mesmo se fosse provado, como uma boa parte da Física moderna parece sugerir, que as profundezas do espaço e o "escuro do passado e o seio do tempo" fossem apenas coeficientes nas equações dos matemáticos. Nesse caso, o homem se torna ainda mais notável, como inventor dos céus estrelados e das eras da antiguidade cósmica – o que perde em conhecimento, ganha em imaginação.

Entretanto, embora a parte cognitiva do homem seja a base da sua excelência, está longe de ser a sua totalidade. Espelhar o mundo não basta. É preciso espelhá-lo com emoção: uma emoção específica, adequada ao objeto, e um prazer geral pelo mero ato de saber. Juntos, porém, o saber e o sentir ainda não são suficientes para o ser humano completo. Neste mundo em contínua aceleração, os homens desempenham seu papel como causas da mudança e, tendo consciência de si como causa, exercem a vontade e tomam ciência do poder. Conhecimento, emoção e poder têm de ser ampliados ao máximo na busca da perfeição do ser humano. Segundo a teologia tradicional, poder, sabedoria e amor são os respectivos atributos das três pessoas da Trindade; pelo menos nesse aspecto, o homem criou Deus à sua imagem.

Nesse ponto, concebemos o homem como indivíduo. Estamos concebendo-o como o fazem os budistas, estoicos, santos cristãos e todos os místicos. No indivíduo perfeito, como o estamos retratando, os elementos do conhecimento e da emoção não são essencialmente sociais. É somente por meio da vontade e do exercício do poder que o indivíduo que estamos imaginando torna-se membro efetivo da comunidade. Mesmo assim, o único lugar que a vontade, como tal, pode dar a um homem é o de ditador. Considerada isoladamente, a vontade do indivíduo é a vontade de caráter divino, que diz "que se façam tais coisas". A atitude do cidadão é muito diferente. Ele tem ciência de que a sua vontade não é a única do mundo e busca, de alguma forma, obter harmonia entre os desejos conflitantes que existem dentro da sua comunidade. O indivíduo, como tal, é autossubsistente, ao passo que o cidadão está essencialmente circunscrito por seus próximos. Excetuando-se Robinson Crusoé, de fato todos nós somos, é claro, cidadãos, e a educação deve levar em conta esse fato. Contudo, pode-se dizer que, em última análise, seremos cidadãos melhores se primeiro tomarmos consciência das nossas potencialidades como indivíduos, antes de descermos às concessões e aquiescências práticas da vida política. A característica fundamental do cidadão é o fato de cooperar — se não de fato, pelo menos em intenção. Ora, o homem que deseja cooperar, a menos que tenha poderes excepcionais, procurará algum propósito já existente com o qual cooperar. Somente um homem de extraordinária grandeza pode conceber de modo solitário um propósito adequado para receber cooperação e, tendo-o concebido, pode persuadir os homens a segui-lo. Há homens desse quilate. Pitágoras houve por bem estudar Geometria e, por isso, até hoje, todo estudante tem motivos para amaldiçoá-lo. Entretanto, essa forma solitária e criativa de cidadania é rara. É improvável que uma educação voltada para o treinamento de cidadãos a produza. Na concepção dos governos, os cidadãos são pessoas que admiram o *status quo* e estão preparados para se empenhar em sua preservação. É estranho que, embora todos os governos busquem produzir homens desse tipo, excluindo todos os outros perfis, seus heróis do passado são exatamente do tipo que os governos buscam impedir no presente. Os americanos admiram George Washington e Jefferson, mas encarceram

Educação e ordem social

aqueles que compartilham de suas opiniões políticas. Os ingleses admiram Boadiceia, a quem tratariam exatamente como os romanos a trataram se aparecesse na Índia moderna. Todas as nações ocidentais admiram Cristo, que decerto seria um suspeito para a Scotland Yard se vivesse nos dias atuais e teria a cidadania americana negada por não estar disposto a portar armas. Isso ilustra que a cidadania, como ideal, é inadequada, pois um ideal envolve ausência de criatividade e disposição de concordar com os poderes estabelecidos, sejam oligárquicos, sejam democráticos, algo antitético ao que é característico dos homens mais grandiosos e que tende, caso se exagere em sua ênfase, a impedir que os homens comuns atinjam a grandeza da qual são capazes.

Não tenciono que me tomem por um defensor da rebelião. A rebelião em si não é melhor do que a aquiescência em si, por ser igualmente determinada pela relação com algo externo a nós, e não por um juízo de valor puramente pessoal. O fato de a rebelião merecer louvor ou repreensão depende daquilo contra o que a pessoa se rebela, mas deve haver a possibilidade de rebelião ocasional, em vez de uma aquiescência cega produzida por uma educação rígida voltada ao conformismo. Além disso, há algo que talvez seja mais importante do que a rebelião ou a aquiescência — deve existir a capacidade de traçar uma linha totalmente nova, como fez Pitágoras ao inventar o estudo da Geometria.

A questão entre cidadania e individualidade é importante na educação, na política, na ética e na metafísica. Na educação, possui um aspecto relativamente simples e prático, que pode, até certo ponto, ser considerado em separado da questão teórica. A educação dos jovens de uma comunidade inteira é um negócio de alto custo que, em geral, está fadado a ser uma atribuição do Estado. A única outra organização suficientemente interessada em formar a mente dos jovens para ter uma participação importante na educação é a Igreja. Evidentemente, o propósito do Estado é treinar cidadãos. Por motivos históricos, esse propósito é, até o presente momento, atenuado de modo considerável pela tradição. Na Idade Média, a educação era a educação do sacerdote. Desde a Renascença até épocas mais recentes, referia-se à educação de um cavalheiro. Sob a influência da democracia esnobe, passou a designar uma educação que faz o homem parecer um cavalheiro. Muitas coisas de pouca utilidade para o cidadão são ensinadas como tal nas escolas, com o objetivo de fazer dos alunos pessoas de fino trato. Há outros elementos da educação remanescentes da tradição eclesiástica medieval, cujo propósito era capacitar o homem a assimilar os caminhos de Deus. O refinamento e a devoção são atributos do indivíduo, não do cidadão. A religião cristã como um todo é uma religião do indivíduo, por ter surgido entre homens destituídos de poder político. Dedica-se principalmente à relação da alma com Deus; embora leve em conta a relação do homem com seu próximo, considera-a como resultante das emoções do homem, não de leis e instituições sociais.

O elemento político do cristianismo, tal como existe atualmente, decorre de Constantino. Antes dos dias de Constantino, era dever dos cristãos desobedecer ao Estado; entretanto, desde a sua época até agora, via de regra e de modo geral, o dever cristão passou a ser obedecer ao Estado. Contudo, a origem anárquica do cristianismo deixou uma semente que fez germinar, ao longo de sua história, reavivamentos da primitiva atitude de desobediência. Os cátaros, os albigenses e os franciscanos espirituais rejeitaram, cada um a seu modo, a autoridade para

Educação e ordem social

seguir a luz interior. O protestantismo iniciou em uma revolta contra a autoridade e jamais encontrou alguma justificativa lógica para o exercício de jurisdição teológica que procurou reivindicar após assumir o controle do governo. Consequentemente, o protestantismo é movido por uma lógica interna que conduz à aceitação da tolerância religiosa, um ponto de vista que o catolicismo nunca adotou em teoria e aceitou somente na prática, por motivo de conveniência temporária. Nesse aspecto, o catolicismo representa a tradição do imperador romano, ao passo que o protestantismo é um retorno ao individualismo dos apóstolos e pais da Igreja.

As religiões podem ser divididas entre as que são políticas e as que se dedicam à alma do indivíduo. O confucionismo é uma religião política: Confúcio, vagando de corte em corte, dedicou-se essencialmente ao problema do governo e a instilar virtudes que facilitassem o bom governo. O budismo, por sua vez, embora nos primórdios tenha sido a religião dos príncipes, é marcadamente não político. Não quero dizer que permaneceu sempre dessa forma. No Tibete, é tão político quanto o papado, e no Japão eu conheci altos dignitários budistas que me lembraram arquidiáconos ingleses. Mas o budista, em seus momentos mais religiosos, se considera um ser essencialmente solitário. O islã, por sua vez, foi desde os primórdios uma religião política. Maomé se fez governante de homens, e os califas que o sucederam permaneceram dessa forma até o fim da Grande Guerra. É típico da diferença entre o islã e o cristianismo o fato de que o califa era, ao mesmo tempo, autoridade temporal e espiritual, o que, para um maometano, não são coisas distintas; já o cristianismo, por seu caráter não político, foi levado a criar dois políticos rivais, a saber, o papa e o imperador, dos quais o papa reclama o poder temporal com base na insignificância do governo secular. O comunismo, tal como foi desenvolvido na Rússia, é uma religião política análoga ao islã. Contudo, é inelutavelmente influenciado pela tradição bizantina; além disso, existe a possibilidade de que o Partido Comunista tome o lugar da Igreja, atribuindo ao governo secular o grau de independência em relação à autoridade eclesiástica que possuía antes da revolução. Nesse aspecto, como em outros, a Rússia está dividida entre as mentalidades oriental e ocidental. Na medida em que a Rússia é asiática, o Partido Comunista toma o lugar do califado; na medida em que é europeia, toma o lugar da Igreja.

O propósito dessa visão geral da história das religiões é sugerir que os elementos da educação de hoje relacionados à cultura individual são, via de regra, produtos da tradição, que provavelmente cederão mais e mais espaço à educação para a cidadania. A educação para a cidadania, caso seja prudente, pode manter o melhor da cultura do indivíduo. Entretanto, se for míope em algum sentido, tolherá o indivíduo para transformá-lo em uma ferramenta conveniente para o governo. Assim, é importante perceber os perigos inerentes aos ideais da cidadania quando concebidos de forma estreita. Aqueles que instituem sistemas estatais de educação provocarão a deterioração do homem, inclusive como cidadãos, caso adotem uma visão estreita quanto ao que constitui um bom cidadão. Somente homens de vasta cultura individual são capazes de perceber que a cultura individual deve contribuir para a cidadania. Infelizmente, na atualidade, tais homens tendem a ser cada vez mais substituídos por homens de capacidade executiva ou por meros políticos que têm de ser recompensados por seus serviços.

Educação e ordem social

Uma educação cujo propósito é formar bons cidadãos tem duas formas muito distintas: uma voltada ao apoio do sistema existente e outra dedicada a derrubá-lo. Pode-se supor, considerando a importância do Estado na educação, que esta quase sempre estaria direcionada a apoiar o *status quo*. Contudo, isso não é verdade. Com exceção da Rússia, a influência da religião e da classe média tem força suficiente para fazer com que boa parte da educação permaneça reacionária em qualquer país onde os socialistas tomaram o poder. Por sua vez, antes da Revolução Francesa, e novamente antes da Revolução Russa, a educação, ainda que não fosse generalizada, era, normalmente, antigovernamental. Hoje em dia, nas partes mais atrasadas dos Estados Unidos, há tendência semelhante. As universidades estaduais tendem a ensinar, quase sem querer, doutrinas que repugnam os agricultores ignorantes que pagam os impostos que sustentam as universidades. Os agricultores, naturalmente, acreditam que "quem paga o flautista escolhe a música"; porém, quando são incapazes de entender o flautista, ou não conhecem a música que ele toca, têm um pouco de dificuldade em relação a isso. Todavia, apesar dessas exceções, a educação no mundo moderno tende a ser uma força reacionária, que apoia o governo quando este é conservador e se opõe a ele quando é progressista. Além disso, infelizmente, os elementos da boa cidadania enfatizados nas escolas e universidades são os piores, não os melhores. O que se ressalta acima de tudo é um patriotismo de cunho um tanto militante; ou seja, uma devoção estreita a pessoas que vivem em uma certa região, em oposição às que vivem em outro lugar, e a disposição de defender os interesses das pessoas da região escolhida por meio do poder militar. Quanto aos assuntos

15

internos, a cidadania, tal como em geral é ensinada, perpetua injustiças tradicionais. A grande maioria dos homens jovens e ricos, por exemplo, sentiu-se patriótica durante a greve geral ao atuar como fura-greves. Pouquíssimos deles foram educados para poder conceber a questão de modo favorável aos grevistas. É possível recorrer ao ideal de legalidade e constitucionalidade para apoiar qualquer situação de injustiça. Educadores de todos os países, com exceção da Rússia, tendem a ser constitucionalmente frouxos e, seja por renda, seja por esnobismo, a apoiar os ricos. Tanto por uma razão quanto por outra, seu ensino geralmente enfatiza com exagero a importância da lei e da Constituição, embora isso confira ao passado um poder paralisante sobre o presente. Em reação a essa ênfase excessiva, aqueles que desejam uma melhoria radical no mundo são forçados a ser revolucionários, e o conceito de dever do revolucionário perante a comunidade tende a ser igualmente estreito e, a longo prazo, tão perigoso quanto o de um defensor da lei e da ordem.

No entanto, há certos aspectos em que o defensor da mudança está mais propenso que o defensor do *status quo* a oferecer uma educação melhor. O hábito animal, por si mesmo, é suficiente para fazer o homem apreciar os velhos tempos, assim como faz um cavalo gostar de seguir o mesmo caminho de sempre na estrada. O conservadorismo não exige nenhum dos processos mentais superiores. O defensor da mudança, por sua vez, precisa ter um certo grau de imaginação para poder conceber algo diferente daquilo que existe. Também precisa ter o poder de julgar o presente pelo ponto de vista dos valores e, já que ele não pode ignorar que o *status quo* tem seus defensores, deve perceber que existem pelo menos dois pontos de vista

Educação e ordem social

possíveis para um ser humano mentalmente são. Além disso, ele não é obrigado a negar compaixão às vítimas das crueldades existentes, nem a inventar justificativas complicadas para provar que sofrimentos facilmente evitáveis não têm de ser evitados. Assim sendo, tanto a inteligência quanto a compaixão tendem a ser menos reprimidas por uma educação hostil ao *status quo* do que por uma que lhe seja amigável.

Mas há certas limitações quanto a isso. A hostilidade ao *status quo* pode vir de uma destas duas fontes: a compaixão pelos infortunados ou o ódio aos afortunados. Quando provém do ódio, limita a compaixão na mesma medida em que está envolta em conservadorismo. Em seus devaneios, muitos revolucionários estão menos preocupados com a felicidade futura das pessoas comuns do que com a vingança que poderão tomar contra os insolentes donos do poder que os fazem sofrer no presente. No lado intelectual, mais uma vez, os defensores da mudança procuram se organizar em grupos, unidos por uma ortodoxia estreita, odiando a heresia e considerando-a uma traição moral em favor dos pecadores prósperos. A ortodoxia, seja qual for, é o túmulo da inteligência. Nesse aspecto, a ortodoxia do extremista não é melhor que a do reacionário.

Um dos conflitos mais importantes entre a cultura individual e a educação do cidadão, concebida de forma estreita, é a atitude científica diante de questões em que não há certeza. A ciência desenvolveu uma determinada técnica que é, basicamente, a técnica da descoberta – ou seja, da mudança. Em termos gerais, a mentalidade científica é aquela que facilita a descoberta, não aquela que leva o homem a ter uma crença inabalável nos princípios da ciência presente. É provável que um cidadão bem-educado seja incapaz de descobrir, já que ele respeitará os mais velhos e os seus superiores, reverenciará os grandes homens da geração passada e terá horror a todas as doutrinas subversivas. Portanto, o Estado moderno, baseado na ciência, está em dificuldade. Alguns Estados preferem pessoas heterodoxas que inventam novos explosivos; outros, que seus jovens sejam ortodoxos e sigam as grandes tradições do passado. Os bizantinos, quando tiveram a oportunidade de comprar a ajuda do Ocidente em troca de algumas concessões teológicas, optaram por preservar sua ortodoxia e foram derrotados pelos turcos. Da mesma forma, o almirantado britânico, ao enfrentar o terrível dilema de dar ouvidos a jovens subversivos ou se tornar obsoleto por meio da admiração de Nelson, prefere a segunda opção, expondo-se a quaisquer sofrimentos que pudessem decorrer de sua reverência às grandes tradições dos nossos ancestrais. Pelo menos, é isso o que dizem aqueles que deveriam saber.

Uma das contradições do nosso tempo é que, para avançar, a ciência – fonte de poder, mais especificamente do poder governamental – depende de um estado essencialmente anárquico da mente do pesquisador. A mentalidade científica não é nem cética nem dogmática. O cético afirma que é impossível descobrir a verdade, ao passo que o dogmático sustenta que ela já foi descoberta. O homem da ciência afirma que a verdade pode ser descoberta, embora não a tenha sido, de modo algum, nas questões que ele está investigando. Entretanto, até mesmo a afirmação de que a verdade pode ser descoberta vai além da crença do autêntico homem da ciência, já que ele não considera suas descobertas como derradeiras e absolutas, mas como aproximações sujeitas a correção futura. A ausência de fim faz parte da essência do espírito científico. Portanto, as crenças do

Educação e ordem social

homem da ciência são provisórias e não dogmáticas. Porém, na medida em que são resultado de suas próprias pesquisas, são também pessoais, não sociais. Em outras palavras, dependem daquilo que ele mesmo verificou, por observação e inferência, não daquilo que a sociedade considera como uma crença prudente para o bom cidadão. É provável que esse conflito entre o espírito científico e o uso governamental da ciência provoque, em última análise, a paralisação do avanço científico, já que a técnica científica será usada cada vez mais para instilar a ortodoxia e a credulidade. Para que isso não aconteça, será necessário que os meninos com certa aptidão para a ciência sejam liberados do treinamento costumeiro para a cidadania e tenham licença para pensar. As pessoas que atingirem um determinado nível nas provas terão permissão de utilizar depois de seus nomes as letras L e P, como abreviatura de "Licenciado para pensar". A partir desse momento, tais pessoas nunca serão destituídas de nenhum posto por considerar seus superiores tolos.

Falando agora com mais seriedade, é difícil conciliar todo o conceito de verdade com os ideais costumeiros da cidadania. Evidentemente, pode-se dizer, como os pragmáticos, que o conceito de verdade em sua forma tradicional não é válido e que verdade se limita àquilo em que convém acreditar. Se é assim, a verdade pode ser determinada por uma lei do Parlamento. Leigh Hunt considerou inconveniente acreditar que o príncipe regente era gordo, já que a sua opinião o levou ao cárcere. Segue-se que o príncipe regente era magro. É difícil, em um caso como esse, aceitar a filosofia do pragmático. É difícil resistir à convicção de que há algo objetiva e absolutamente verdadeiro na proposição de que o príncipe regente era gordo. Posso, obviamente, imaginar um grande número de argumentos para escapar a essa conclusão. A palavra "gordo" é um termo relativo. Lembro que, quando o falecido mestre do Christ's College – que certamente não tinha nada de pequeno – ficou, durante um jantar, entre dois dos mais eminentes escritores do nosso tempo, comentou ter tido a experiência insólita de se sentir magro. Em comparação com alguns porcos premiados, é possível que o príncipe regente seja considerado magro. Portanto, para tornar precisa a afirmação de Leigh Hunt, seria necessário dizer que o príncipe regente fazia parte do percentil mais gordo dos homens adultos, ou algo do gênero. Seria possível dizer: "A proporção entre o peso do príncipe regente e sua altura é superior à de todos, com exceção de 1% dos súditos homens adultos de Sua Majestade". Obviamente, essa afirmação pode dar margem à dúvida; porém, nesse caso, poderia ficar bastante precisa com a substituição de "1%" por "2%". Não se pode sustentar com seriedade que essa proposição é verdadeira porque é conveniente acreditar nela, nem que se torna falsa devido ao fato de que pronunciá-la é um crime. Escolhi um exemplo ocorrido há mais de cem anos, que já não desperta paixão política. Contudo, na atualidade, há fatos análogos que são de interesse dos governos, e ainda existem proposições que nenhuma pessoa de mentalidade científica pode negar, mas que não serão pronunciadas por pessoas que desejam evitar a cadeia. Todos os governos do mundo adotam métodos intricados de ocultar verdades consideradas indesejáveis e infligem várias formas de penalidade àqueles que disseminam conhecimentos considerados ruins para a população. Isso vale particularmente para conhecimentos considerados sediciosos ou obscenos. Não darei exemplos, pois, se os desse, eu mesmo ficaria sujeito a punições jurídicas.

Educação e ordem social

Pelos motivos que elencamos, a educação para a cidadania traz graves perigos. Mesmo assim, o argumento favorável a que uma parte da educação se dedique a produzir coesão social é avassalador. As amenidades da vida civilizada dependem da cooperação, e todo aumento do industrialismo exige o aumento da cooperação. A China, por exemplo, preenche todos os requisitos de prosperidade e alta cultura, exceto o de um governo forte e centralizado. Desde que se tornou independente de Espanha e Portugal, a América Latina foi mantida no atraso pelas tendências anárquicas de seus habitantes. Há alguns indícios de que os Estados Unidos estão se preparando para seguir o exemplo da América Latina. Certamente, o maior perigo do qual os Estados Unidos padecem na atualidade é a ausência de um sentido vívido de cidadania por parte de uma grande parcela dos seus habitantes. Não se pode atribuir isso à falta de ênfase na cidadania na educação; pelo contrário, toda a máquina educacional na América, das escolas públicas às universidades, se dedica a enfatizar a cidadania e a incutir nas mentes jovens os deveres de cidadão. Apesar desse esforço educacional, o americano médio, devido à tradição de pioneirismo ou ao fato de que seus ancestrais recentes eram europeus, não tem o senso instintivo de comunidade que existe nos países mais antigos da Europa. A menos que o adquira, há o perigo de que todo o sistema industrial entre em colapso.

Excetuando-se a coesão nacional dentro do Estado, que é tudo o que a educação estatal busca obter na atualidade, a coesão internacional e a ideia de que toda a raça humana é uma unidade cooperativa se tornam cada vez mais necessárias para a sobrevivência da nossa civilização científica. Acredito que essa sobrevivência exigirá, como condição mínima, o estabelecimento de um Estado mundial e a subsequente instituição de um sistema mundial de educação, dedicado a produzir lealdade ao Estado mundial. Não há dúvida de que esse sistema de educação exigirá, durante um século ou dois, certas cruezas que militarão contra o desenvolvimento do indivíduo. Entretanto, se a alternativa for o caos e a morte da civilização, valerá a pena pagar o preço. As comunidades modernas são mais coesas que as do passado em termos de estrutura econômica e política; para que sejam bem-sucedidas, é preciso haver um aumento correspondente no sentido de cidadania por parte dos indivíduos, tanto de homens quanto de mulheres. Evidentemente, a lealdade a um Estado mundial não teria o pior traço da lealdade a um dos Estados existentes, a saber, o incentivo à guerra. Porém, pode envolver um cerceamento considerável do intelectual e dos impulsos estéticos. Acredito, no entanto, que a necessidade mais fundamental no futuro próximo será o cultivo de um sentido vívido de cidadania em relação ao mundo. Quando o mundo, como bloco político-econômico único, estiver seguro, a cultura individual poderá reviver. No entanto, até esse momento, toda a nossa civilização estará em risco. Considerada *sub specie aeternitatis*, a educação do indivíduo é, a meu ver, algo mais sofisticado que a educação do cidadão; mas do ponto de vista político, em relação às necessidades da época, receio que a educação do cidadão deva ter a primazia.

2.

A teoria negativa da educação

Três teorias divergentes da educação têm seus defensores na atualidade. A primeira delas considera que o único propósito da educação é propiciar oportunidades de crescimento e eliminar influências prejudiciais. A segunda sustenta que o propósito da educação é proporcionar cultura ao indivíduo e desenvolver ao máximo suas capacidades. A terceira defende que a educação seja considerada em relação à comunidade, não ao indivíduo, e que a sua finalidade é preparar cidadãos úteis. Dentre essas teorias, a primeira é a mais nova, e a terceira, a mais antiga. A segunda e a terceira teorias, que abordamos no capítulo anterior, têm em comum a visão de que a educação pode proporcionar algo positivo, ao passo que a primeira considera a sua função como puramente negativa. Nenhuma educação real segue por completo qualquer uma das três. Em proporções variadas, as três se encontram em todos os sistemas existentes. Creio que esteja bastante claro que nenhuma delas é adequada isoladamente e que a escolha do sistema de educação correto depende muito da adoção de proporções adequadas das três teorias. De minha parte, embora acredite que a mais verdadeira seja a primeira, que podemos chamar de visão negativa da educação, não acredito, de forma alguma, que contenha toda a verdade. A visão negativa domina boa parte do pensamento progressista na educação. Faz parte do credo geral da liberdade que inspira o pensamento liberal desde a época de Rousseau. Estranhamente, o liberalismo político vem sendo relacionado à ideia de educação compulsória, ao passo que a crença na liberdade na educação existe, em grande medida, entre os socialistas e até os comunistas. No entanto, essa crença está ligada ideologicamente ao liberalismo e ostenta o mesmo grau de verdade e falsidade que pertence à concepção de liberdade em outras esferas.

Até muito recentemente, quase ninguém questionava a visão de que a função da educação é preparar a criança para o caminho que ela deve seguir. Ela tem de aprender máximas morais, hábitos de diligência e constituir um acervo de conhecimento proporcional à sua posição social. Os métodos para se chegar a esse fim eram brutos, mas eficazes; na verdade, não diferiam daqueles empregados no treinamento de cavalos. O efeito do chicote sobre o cavalo era o mesmo da vara sobre a criança. Não se pode negar que esse sistema, com toda a sua crueza, produzia, em geral, os resultados pretendidos. Somente uma minoria sofria a educação, mas, nessa minoria, certos hábitos haviam se formado – hábitos de autodisciplina e conformismo social, capacidade de comandar e uma rudeza que não levava em conta as necessidades humanas. Homens treinados pelo dr. Keate e por pedagogos semelhantes fizeram da nossa Inglaterra o que ela é e levaram as bênçãos da civilização aos pagãos incivilizados da Índia e da África. Não tenho intenção de menosprezar essa realização e não estou certo de que teria sido possível,

Educação e ordem social

com a mesma economia de esforço, mediante qualquer outro método. Seus produtos, devido a certa dureza espartana e à total incapacidade da dúvida intelectual, adquiriram as qualidades necessárias a uma raça imperial entre os povos atrasados. Deveriam passar adiante a regra severa à qual foram submetidos na juventude e evitar a percepção de que aquilo que deveria ter sido a sua educação havia debilitado a inteligência e as emoções para fortalecer a vontade. Na América, o puritanismo obteve um resultado semelhante enquanto se manteve forte.

O movimento romântico foi basicamente um protesto em nome das emoções contra a ênfase indevida na vontade que havia anteriormente. Ele teve influência no que tange ao tratamento de crianças muito pequenas, mas, em geral, as autoridades educacionais estavam irredutíveis e demasiadamente aferradas ao comando para que fossem afetadas pelos ideais mais suaves dos românticos. Somente em nossos dias a perspectiva geral dos românticos sobre a vida começou a surtir um efeito realmente generalizado em relação à teoria educacional, mas, assim como o *laissez-faire* na economia teve de ceder espaço a novas formas de planejamento ordenado, o *laissez-faire* educacional, embora seja um estágio necessário, não é, creio eu, a última palavra. Neste capítulo, proponho apresentar argumentos a seu favor e, em seguida, analisar suas limitações.

O argumento favorável à maior liberdade possível na educação é muito forte. Para começar, a ausência de liberdade envolve conflitos com adultos que costumam ter um efeito psicológico muito mais profundo do que se pensava até pouco tempo atrás. A criança que de algum modo é coagida tende a reagir com ódio e se, como costuma acontecer, não for capaz de expressar livremente o seu ódio, este será entranhado e poderá mergulhar no inconsciente, com toda espécie de consequências estranhas pelo resto da vida. Na qualidade de objeto do ódio, o pai pode vir a ser substituído pelo Estado, pela Igreja ou por uma nação estrangeira, fazendo que o homem se torne anarquista, ateu ou militarista, conforme o caso. Ou, mais uma vez, o ódio pelas autoridades que oprimem a criança pode se transferir para um desejo de infligir opressão equivalente mais tarde, à geração seguinte. Ou causar uma mera rabugice geral, que impossibilita relações pessoais e sociais agradáveis. Certa vez, na escola, encontrei um menino de porte médio maltratando outro menor. Protestei, mas ele respondeu: "Os grandes me batem, então eu bato nos bebês; é justo". Nessas palavras, ele resumiu a história da raça humana.

Outro efeito da coerção na educação é a ruína da originalidade e do interesse intelectual. O desejo de conhecimento – pelo menos de um conhecimento substancial – é natural no jovem, mas geralmente destruído porque se lhes oferece mais do que desejam ou podem assimilar. Crianças forçadas a comer passam a odiar o alimento, e as que são obrigadas a aprender tomam ódio pelo conhecimento. Ao pensar, não pensam espontaneamente, da mesma forma que correm, saltam ou gritam: pensam com a intenção de agradar algum adulto e, portanto, na tentativa de acertar, e não por curiosidade natural. Essa morte da espontaneidade é particularmente desastrosa em orientações artísticas. Crianças às quais se ensina Literatura, Pintura ou Música em excesso, ou tendo em vista a correção em vez da autoexpressão, se interessam cada vez menos pelo lado estético da vida. A instrução em demasia pode até mesmo matar o interesse de um menino por dispositivos mecânicos. Se você ensinar a um menino o princípio da bomba

Educação e ordem social

comum no horário de aula, ele tentará evitar a aquisição do conhecimento que você busca infundir; porém, se você tiver uma bomba no quintal e proibir o menino de mexer nela, ele passará todo o seu tempo livre estudando-a. A participação voluntária nas aulas evita muitos desses problemas. Já não há atrito entre professor e aluno e, em uma boa parte dos casos, os alunos consideram que o conhecimento passado pelo professor vale a pena possuir. Sua iniciativa não é destruída, pois aprendem por opção própria, e não acumulam massas de ódio não digerido que infestam o inconsciente pelo resto da vida. Os argumentos a favor da liberdade de expressão, liberdade em relação à polidez e liberdade quanto ao conhecimento referente ao sexo são ainda mais fortes, mas abordarei essas questões em separado, mais adiante.

Por todos esses motivos, os educadores reformistas tendem — com razão, creio eu – a uma liberdade cada vez maior na escola. Não acredito, no entanto, que a liberdade na escola possa ser tomada como um princípio absoluto. Ela tem suas limitações, e é importante perceber quais são.

Podemos tomar a limpeza como um dos exemplos mais evidentes. Para começar, gostaria de dizer que a maioria das crianças com pais abastados é mantida demasiadamente limpa. Os pais justificam seu comportamento afirmando que a limpeza é higiênica, mas o esnobismo é o motivo de torná-la excessiva. Ao ver duas crianças, uma limpa e a outra suja, somos levados a supor que os pais da criança limpa têm mais renda que os da suja. Consequentemente, os esnobes procuram manter seus filhos muito limpos. Trata-se de uma abominável tirania que impede as crianças de fazerem muitas coisas que deveriam fazer. Do ponto de vista da saúde, é bom que elas estejam limpas duas vezes por dia – ao se levantar pela manhã e ao ir para a cama à noite. Entre esses dois momentos dolorosos, devem explorar o mundo, particularmente as suas partes mais encardidas, estragando as roupas e limpando no rosto as mãos cheias de lama. Privar as crianças desses prazeres é tolher-lhes a iniciativa, o impulso de explorar e a aquisição de hábitos musculares úteis. Entretanto, embora a sujeira seja algo tão admirável, a limpeza também tem seu lugar nas manhãs e nas noites, conforme já dissemos, e mesmo esse lugar restrito não estará garantido na vida de uma criança se não houver uma boa medida de coerção. Se não usássemos roupas e vivêssemos em um clima quente, para mantermos a limpeza necessária, bastaria cairmos na água para nos refrescar. Não há dúvida de que o *Pithecanthropus erectus* fazia isso, mas nós, que usamos roupas e vivemos em climas temperados, não possuímos um instinto de asseio tão aflorado quanto a saúde exige e, portanto, precisamos ser ensinados a nos lavar. O mesmo vale para a escovação dos dentes. Se, como nossos ancestrais distantes, comêssemos alimentos crus, não haveria necessidade de escovar os dentes; porém, enquanto tivermos o hábito antinatural de cozinhar, teremos que contrabalançá--lo com outro hábito antinatural, nomeadamente a escovação dos dentes. Para ser compatível com a saúde, a seita do "retorno à natureza" tem de ser bastante rigorosa e incluir o abandono das roupas e do cozinhar. Caso não estejamos preparados para ir tão longe, deveremos ensinar às crianças certos hábitos que elas não adquirem por si mesmas. Portanto, em matéria de limpeza e higiene, há necessidade de certa restrição em nome da saúde, embora a educação convencional atual limite em demasia a liberdade.

Educação e ordem social

Outra virtude bastante humilde que provavelmente não será produzida por uma educação totalmente livre é a pontualidade. Ser pontual é uma qualidade cuja necessidade está ligada à cooperação social. Não tem nada a ver com a relação entre a alma e Deus, nem com o *insight* místico, nem com nenhuma das questões das quais os moralistas mais elevados e espirituais se ocupam. Testemunhar um santo se embebedando seria surpreendente, mas vê-lo se atrasar para um compromisso não causaria surpresa nenhuma. Mesmo assim, nas questões da vida comum, a pontualidade é absolutamente necessária. Não é adequado que o maquinista ou o carteiro aguarde o mover do espírito para pilotar o trem ou coletar as cartas. Todas as organizações econômicas de alguma complexidade se tornariam impraticáveis se os envolvidos se atrasassem com frequência. Entretanto, é altamente improvável que os hábitos de pontualidade sejam aprendidos em uma atmosfera livre. Não podem existir em um homem que se deixe dominar por seus estados de ânimo. Por isso, talvez sejam incompatíveis com as conquistas mais elevadas. Newton, como sabemos, era tão impontual nas refeições que o seu cão as comia sem que o dono percebesse. A realização mais elevada, na maioria dos casos, exige a capacidade de estar absorto em um estado de ânimo, mas aqueles cujo trabalho é menos qualificado, da realeza para baixo, causarão grande dano se forem habitualmente impontuais. Portanto, parece inevitável que os jovens sejam submetidos à necessidade de fazer certas coisas em certos horários, se quiserem estar aptos a participar da vida moderna como pessoas comuns. Aqueles que demonstram talento extraordinário, como poetas, compositores ou matemáticos puros, podem estar isentos disso, mas 99% da humanidade precisa de disciplina em relação a horários – o que é quase impossível caso se permita que cresçam livremente, seguindo seus impulsos naturais. Supõe-se que o bom selvagem ia caçar quando sentia fome, não às 8h53, como os seus descendentes que habitam os bairros residenciais. A educação do bom selvagem, por conseguinte, não oferece tudo o que é necessário ao habitante dos bairros residenciais.

Uma questão bem mais séria, à qual se aplicam outras questões semelhantes, é a honestidade. Não dou a esse termo nenhum sentido rebuscado; refiro-me simplesmente ao respeito à propriedade alheia. Essa característica não é natural em seres humanos. O ser humano indisciplinado se apropria das propriedades alheias sempre que considera seguro fazê-lo. Talvez até mesmo o ser humano disciplinado o faça com certa frequência, mas a disciplina lhe ensinou que, muitas vezes, o furto não é seguro, embora assim pareça à primeira vista. Existe, creio eu, na mente de alguns homens modernos alguma confusão de pensamento quanto a esse assunto. Ao descobrirem que existe algo chamado cleptomania, se inclinam a considerar todo tipo de furto como cleptomania. Mas isso é um grande equívoco. A cleptomania consiste em furtar coisas que, com frequência, o ladrão não deseja de fato, em circunstâncias em que certamente será flagrado. Via de regra, ela tem origem psicológica: o cleptomaníaco, sem que tenha consciência disso, está roubando amor ou objetos com algum significado sexual. A atitude perante a cleptomania não pode ser o castigo, mas a compreensão psicológica. O furto comum, no entanto, não tem nada de irracional e, justamente por ser racional, pode ser evitado por meio de penalidades sociais que o tornem contrário ao interesse próprio. Em uma comunidade de crianças a quem as mais velhas deixam livres, o ladrão, a menos que seja

Educação e ordem social

o maior do grupo em tamanho, será severamente castigado pelas demais. As mais velhas podem lavar as mãos quanto ao castigo e afirmar que, em seu sistema, não há código penal; porém, ao fazer isso, são culpadas de autoengano. É bem possível que o código penal criado espontaneamente por um grupo de crianças seja mais severo e confiável que um código inventado por adultos. Portanto, pelo bem do próprio ladrão, em geral é prudente que os adultos tomem conhecimento dos furtos e lidem com eles de modo a impedir que as outras crianças se vinguem por conta própria. O devido respeito à propriedade alheia não é possível senão pela criação de um reflexo condicionado. Sob a influência da tentação, a possibilidade de detecção sempre parece menor do que é. Além disso, é improvável que a pessoa que tem o furto como possibilidade ativa passe pela vida sem cair em tentação um número de vezes suficiente para que acabe sendo pega.

A meu ver, muitos apóstolos da liberdade também se equivocam ao subestimar a importância da rotina na vida do jovem. Não estou afirmando que a rotina deva ser rígida e absoluta: é preciso que haja dias em que ela varie, como no Natal e nos feriados. Mas até mesmo essas variações devem, em geral, ser esperadas pela criança. Uma vida de incerteza sempre é nervosamente exaustiva, mas na juventude isso se acentua. Ao saber, mais ou menos, o que acontecerá no cotidiano, a criança desenvolve um senso de segurança. Ela deseja que o seu mundo seja seguro e esteja sujeito ao império do direito. Nossa crença na uniformidade da natureza é, em boa parte, a projeção no cosmo do desejo infantil de rotina no berçário. Ousadia e coragem são qualidades altamente desejáveis, mas se desenvolvem com mais facilidade dentro de um contexto de segurança fundamental.

Outro ponto a favor de uma significativa parcela de rotina é que, para as crianças, ter de escolher o que fazer em horários aleatórios é cansativo e tedioso. Elas preferem não precisar tomar a iniciativa tantas vezes e que suas opções fiquem limitadas a uma estrutura imposta por adultos amigáveis. As crianças, assim como os adultos, apreciam o senso de realização proveniente da superação de uma dificuldade, mas isso requer uma consistência de esforço da qual poucas são capazes sem um estímulo externo. A autodireção consistente é uma das mais valiosas capacidades que um ser humano pode ter. É praticamente desconhecida em crianças pequenas e nunca é desenvolvida por meio de uma disciplina muito rígida, nem pela liberdade total. A disciplina muito rígida, como a dos soldados em tempos de guerra, torna o homem incapaz de agir sem o estímulo de ordens externas. Por sua vez, a liberdade total durante a infância não o ensina a resistir a impulsos momentâneos: ele não adquire a capacidade de se concentrar em uma questão quando está interessado em outra, nem a de resistir aos prazeres porque causarão um cansaço que prejudicará o trabalho subsequente. Portanto, o fortalecimento da vontade exige uma mistura um tanto sutil de liberdade e disciplina e é destruído pelo excesso de qualquer um desses aspectos.

O fato de que todo treinamento deve ter a cooperação da vontade da criança, mas não de todos os seus impulsos passageiros, é tão importante quanto a imposição de limitações ao grau desejável de disciplina. Toda criança rodeada de adultos amigáveis tem consciência, no seu íntimo, de ser bastante tola e é grata por um justo grau de orientação oferecido por pessoas que ela reconhece estarem buscando o seu bem, não apenas a

Educação e ordem social

conveniência própria ou o poder. Os atletas se submetem à disciplina como algo intrínseco, e os jovens cuja ânsia de realizações intelectuais é tão grande quanto o desejo de sucesso do atleta em sua área estarão igualmente dispostos a se submeter à disciplina necessária. Entretanto, em uma atmosfera na qual toda disciplina é considerada maligna, não ocorrerá aos jovens que essa submissão voluntária é essencial para quase todas as formas de sucesso. O sucesso penoso, como ideal, tem de estar presente na mente do jovem que não deseja se tornar teimoso ou fútil. Mas essa ideia ocorrerá a alguns poucos em um ambiente em que a liberdade é absoluta.

O uso da autoridade, em vez da persuasão, pode ser quase eliminado nos casos em que o adulto com as características corretas está encarregado de um número não muito grande de crianças. Considere, por exemplo, a questão da gentileza. Creio que nem ordens nem castigos podem instilar a bondade, embora sejam capazes de coibir atos de crueldade manifesta. Um caráter bondoso exige, por um lado, felicidade instintiva e, por outro, o exemplo de comportamento bondoso por parte dos adultos. O mero ensino da bondade como princípio moral é, a meu ver, quase inútil.

É sumamente importante que a disciplina, seja qual for, não deve envolver mais do que o mínimo de restrição emocional, pois uma criança que se sente frustrada num nível significativo está sujeita a desenvolver várias características indesejáveis, cuja natureza dependerá da sua força de caráter. Caso seja forte, a criança irá se tornar um hipócrita lamuriento. A disciplina, portanto, embora não possa estar inteiramente ausente, precisa ser reduzida a um grau compatível com o treinamento de seres humanos decentes e competentes.

O tema da educação é o busílis da questão. A experiência me convenceu – de certa forma, para minha surpresa – de que é possível oferecer instrução adequada e produzir seres humanos altamente educados sem impor a obrigação da presença nas aulas. Para isso, é necessária uma combinação de circunstâncias que, no momento, não é possível em larga escala. Dos adultos, exige um interesse espontâneo e genuíno em assuntos intelectuais. Requer turmas pequenas. Exige afinidade, tato e habilidade do professor. Além disso, demanda um ambiente em que seja possível tirar a criança da sala e mandá-la ir brincar, caso ela queira estar na aula somente para perturbação. Essas condições demorarão muito a ocorrer em escolas comuns; desse modo, no momento, é provável que a frequência obrigatória seja necessária na grande maioria dos casos.

Há quem pense que, deixada por conta própria, a criança ensinará a si mesma a leitura, a escrita e outros temas, por não desejar ser inferior às outras e que, assim, a ausência de obrigatoriedade causa, quando muito, um atraso de um ano ou dois na aquisição do conhecimento. Creio que essa opinião seja inconscientemente parasitária. Em um mundo em que uma em cada duas crianças aprende a ler e escrever, é provável que qualquer criança, com o tempo, deseje evitar o sentimento de inferioridade decorrente da ignorância. Contudo, em um mundo em que todas as crianças estivessem livres da obrigatoriedade, logo não haveria ocasião para esse sentimento de inferioridade, e cada geração seria um pouco mais ignorante do que a anterior. Pouquíssimas crianças possuem o impulso espontâneo de aprender a tabuada. Enquanto os seus próximos são obrigados a aprendê-la, é possível que, por vergonha, ela também sinta que tem de aprender; mas em uma comunidade em que

Educação e ordem social

nenhuma criança foi obrigada a aprender isso, em pouco tempo haveria apenas uns poucos pedantes que saberiam quanto é seis vezes nove.

A aquisição do conhecimento concreto é prazerosa para a maioria das crianças: caso morem em uma fazenda, observarão as operações do fazendeiro e aprenderão tudo sobre elas. Mas são pouquíssimas as que apreciam o conhecimento abstrato — não obstante, é o conhecimento abstrato que torna possível a comunidade civilizada. Assim sendo, a preservação de uma comunidade civilizada exige algum método de fazer com que as crianças se comportem de uma forma que não lhes é natural. Pode ser possível substituir a obrigatoriedade pela persuasão, mas não se pode deixar a questão a cargo da natureza, sem interferência. A ideia de educação como algo que só oferece oportunidades de crescimento natural não pode, creio eu, ser defendida por uma pessoa que perceba a complexidade das sociedades modernas. Evidentemente, pode-se dizer que essa complexidade é lamentável e que seria melhor voltar a um modo de vida mais simples; no entanto, infelizmente, o processo desse retorno envolveria a morte por inanição de uma parte muito representativa da população. Essa alternativa é tão horrenda que praticamente nos comprometemos com todo o aparato complexo do mundo industrial moderno. Por estarmos comprometidos com isso, também somos obrigados a preparar as nossas crianças a fazerem a sua parte para levá-lo adiante. Dessa forma, embora a teoria negativa da educação tenha muitos elementos de verdade importantes e seja, em boa medida, válida no que concerne às emoções, não pode ser aceita em sua totalidade em relação ao treinamento intelectual e técnico. Nessas questões, há necessidade de algo mais positivo.

3.
Educação e hereditariedade

O caráter de um vegetal ou animal adulto é resultado da interação entre o ambiente e o organismo do momento da fertilização em diante. Tentei fazer essa afirmação tão incolor e incontroversa quanto possível, já que qualquer coisa mais taxativa seria polêmica. A proporção de hereditariedade e ambiente na formação do caráter do ser humano adulto é estimada de forma muito diferente por diversas autoridades. Entre os homens de ciência, há a tendência natural de que a hereditariedade seja enfatizada pelos geneticistas, ao passo que o ambiente é ressaltado pelos psicólogos. Mas há outra linha de divisão nessa seara – não científica, mas política. Conservadores e imperialistas enfatizam a hereditariedade por pertencerem à raça branca, mas são muito incultos. Os radicais ressaltam a educação por ser potencialmente democrática e por dar um motivo para ignorar a diferença de cor. Em sua totalidade, essa divisão política supera aquela que existe entre geneticistas e psicólogos. Hogben, apesar de ser geneticista, encontra poucos argumentos a favor da eugenia, enquanto os psicólogos governamentais, como Goddard e Terman, tendem a enfatizar a hereditariedade. Os americanos dessa escola sempre pressupõem tacitamente a superioridade dos nórdicos, mas até mesmo os mais conservadores entre eles são forçados a admitir que, não obstante, os montanheses da Carolina do Norte e do Kentucky, de pura ascendência inglesa e escocesa, têm, em média, quociente de inteligência inferior aos dos imigrantes judeus.

Em um ponto em que há grande margem para controvérsia, permita-nos, antes de qualquer coisa, estabelecer alguns pontos-limite indubitáveis. Nem mesmo os adeptos mais fervorosos da educação negam que os filhos dos seres humanos são humanos, sendo mais educáveis que os animais; tampouco questionam fatos óbvios: filhos de brancos são brancos, ao passo que os filhos de negros são negros. Por sua vez, os devotos da hereditariedade não negam que uma criança promissora possa ser arruinada pela encefalite letárgica, nem que é ruim para a inteligência da criança o oferecimento do ópio desde a infância, como fazem muitas mães ignorantes. Entretanto, tais pontos de concordância não nos levam muito longe.

Quando a questão é considerada cientificamente, surge uma dificuldade devido ao fato de que os pais, que transmitem os elementos hereditários, geralmente são uma parte muito importante do ambiente. A probabilidade de que as semelhanças de comportamento entre pais e filhos se devem à imitação ou à hereditariedade é a mesma. Por isso, as crianças de orfanatos têm de proporcionar um bom material, mas, infelizmente, as informações disponíveis a respeito de seus pais costumam ser muito incompletas. Foram realizados estudos com gêmeos idênticos para mostrar a força dos elementos congênitos,[1]

---

1 Johannes Lange. *Crime as Destiny: A Study of Criminal Twins*. Trad. Charlotte Franken Haldane. Londres: George Allen & Unwin Limited, 1931.

Educação e ordem social

mas, infelizmente, o ambiente desses gêmeos em geral é bem semelhante. Espera-se que algum dia um milionário da ciência funde um fideicomisso para separar gêmeos idênticos no nascimento e criá-los em circunstâncias amplamente diferentes. Não creio que, caso uma rainha dê à luz gêmeos idênticos, com um deles criado no palácio e o outro em uma favela, a semelhança mental aos 20 anos de idade seria significativa; porém, na falta do experimento, devo admitir que a minha opinião pouco tem de científica. Antigamente se acreditava que havia um comportamento principesco que dependia do sangue real. Heródoto relata que Ciro, criado como um campônio do nascimento até os 12 anos de idade, foi reconhecido por seu avô em razão de seu porte de rei. Mas duvido que até mesmo os adeptos mais fervorosos da superioridade nórdica acreditem que essa história seja plausível.

Os poderes da educação foram tão superestimados quanto os poderes da hereditariedade. Ao que parece, o dr. John B. Watson acredita que qualquer criança, mediante uma educação adequada, pode se tornar um Mozart ou um Newton; contudo, infelizmente, ele ainda não nos disse que espécie de educação seria essa. No que concerne à crença na onipotência da educação, ele não tem nada de inovador. Considere, por exemplo, Godwin, autor de *Enquiry Concerning Political Justice* [Investigação sobre justiça política] e sogro de Shelley. Suas afirmações sobre esse assunto são inequívocas: "Não é improvável, caso se constate que a capacidade do crânio de um sábio é maior que a de um tolo, que essa ampliação seja produzida pela ação incessantemente repetida das faculdades intelectuais, em particular se considerarmos a flexibilidade dos materiais que compõem o crânio das crianças, e a idade precoce em

Bertrand Russell

que as pessoas de eminente mérito intelectual adquirem parte de suas futuras características". "As diferenças essenciais que se constatam entre um indivíduo e outro se originam das opiniões que formam, e das circunstâncias pelas quais são controladas. É impossível acreditar que o mesmo treinamento moral não formaria praticamente o mesmo homem. Suponhamos um ser que tenha ouvido todos os argumentos e tenha sido submetido a todas as excitações que alguma vez incidiram sobre qualquer caráter celebrado. Os mesmos argumentos, com todos os seus pontos fortes e fracos, isentos de qualquer acréscimo ou variação, e apresentados exatamente com as mesmas proporções mês após mês e ano após ano, decerto produzem as mesmas opiniões. As mesmas excitações, sem reservas, diretas ou acidentais, devem fixar as mesmas tendências. Seja qual for a ciência ou o ramo escolhido por esse caráter celebrado, deve ser amado pela pessoa a respeito da qual supomos essa identidade de impressões. Concluindo, é a impressão que faz o homem e, comparadas ao império da impressão, as meras diferenças de estrutura animal são inexpressivamente desimportantes e impotentes." Substituindo "opiniões" por "reflexos condicionados" e "argumentos" por "estímulos", você terá uma passagem que, excetuando-se o estilo, poderia ter sido escrita pelo dr. Watson.

Há muitos argumentos contrários a essa visão de onipotência da educação. A opinião de Godwin, segundo a qual o hábito de pensar aumenta o crânio, não é defendida por nenhum moderno; isso, no entanto, não é conclusivo, já que não se estabeleceu nenhuma correlação consistente entre a inteligência e o tamanho do cérebro, excetuando-se casos extremos. A idiotia está frequentemente relacionada a uma malformação congênita

Educação e ordem social

do crânio, e imagino que nem mesmo o dr. Watson consideraria que a idiotia se deve à má educação. O caso dos deficientes mentais de baixo grau é pouco menos evidente. No outro extremo, considere o exemplo dos meninos calculadores:[2] é impossível imaginar algo do ambiente que pudesse fazer que uma criança de um conjunto de irmãos fosse capaz de calcular mentalmente a raiz cúbica de números grandes sem nenhum treinamento ostensivo em Aritmética diferente daquele que é oferecido a um menino comum. Considerando que o idiota e o menino calculador são congenitamente diferentes da média, parece muito improvável que não existam outras variações congênitas menos extremas. Embora seja perigoso confiar em impressões não científicas, creio que seja preciso dar alguma relevância à experiência dos educadores práticos, nenhum dos quais, até onde eu pude averiguar, duvida que existam diferenças de capacidade nativa entre seus alunos. É reconhecidamente difícil, senão impossível, determinar o que se deve à hereditariedade e o que se deve ao ambiente; entretanto, em minha opinião, é quase certo que parte da diferença de inteligência entre um adulto e outro seja congênita.

Contudo, tanto Godwin quanto o dr. John B. Watson apresentam um argumento que, segundo eles, prova suas teses. O argumento é que os seres humanos não têm instintos e, portanto, a mente de uma criança não possui caráter nenhum que seja independente da experiência. Pode-se contestar o dr. Watson com um argumento de autoridade: Pavlov afirma que seus cães apresentam os quatro tipos de temperamento enumerados

---

2 Leta Stetter Hollignworth. *Gifted Children: Their Nature and Nurture*. Londres: Macmillan, 1929.

por Hipócrates e sofrem de diversas formas de distúrbios nervosos, segundo o tipo ao qual pertencem. Entretanto, é possível ao dr. Watson replicar que essas diferenças de temperamento podem ter sido causadas por circunstâncias das quais Pavlov não estava ciente e que todos os cães nascem iguais. Assim sendo, é preciso lidar com esse argumento teórico.

Suponhamos, para fins meramente argumentativos, que os reflexos incondicionados (que substituíram os instintos) são iguais em todos os recém-nascidos. Segue-se a isso que não pode haver diferenças mentais congênitas? Certamente não. Considere o aprendizado de reflexos condicionados: alguns assimilarão de forma mais rápida que outros, enquanto outros aprenderão a diferenciar de maneira mais eficaz estímulos que apresentam apenas ligeiras diferenças. Mesmo supondo que toda a educação consiste na formação de reflexos condicionados – uma premissa contestável –, a isso não se segue que todas as crianças sejam igualmente educáveis. A posição dos defensores radicais da educação como algo contrário à hereditariedade não tem, portanto, fundamento melhor na teoria do que na observação prática.

Mas, embora não se possa negar a importância das diferenças congênitas entre os seres humanos, as inferências práticas dos eugenistas são, em sua maior parte, bastante anticientíficas. Não se sabe quais fatores componentes de qualidades desejáveis em termos sociais são hereditários, nem quais deles são respectivamente dominantes e recessivos. Não há consenso nem mesmo quanto ao que seja socialmente desejável. Com base em uma observação bem limitada, estou inclinado a pensar que há alguma correlação entre a excelência na arte pictórica e a incompetência em Aritmética. Pressupondo que isso

Educação e ordem social

seja verdadeiro, o que o eugenista deveria fazer em relação a isso? Produzir uma raça de pintores que não sabem fazer conta ou uma raça de contabilistas indiferentes à arte? Os testes de inteligência reconhecidos têm algum valor em sua própria área, mas não testam qualidades morais ou artísticas. Nem as bases éticas, nem as científicas são suficientemente seguras para quaisquer medidas eugênicas práticas, com exceção, talvez, da esterilização dos débeis mentais. Não há fundamento para as seguintes suposições:

Negros são congenitamente inferiores a brancos.

Nascidos na Ásia são inferiores aos nascidos na Europa ou na América.

Europeus nascidos ao norte da latitude $45°$ são congenitamente superiores aos nascidos ao sul dessa latitude.

Pessoas cujos pais ganham mais de mil libras esterlinas por ano são de uma linhagem melhor que filhos de pais que ganham menos.

Todas essas premissas são defendidas pela maioria dos eugenistas, e as três primeiras influenciaram as leis de imigração dos Estados Unidos.

Se a questão da herança da capacidade for tratada cientificamente, haverá necessidade de muito trabalho prévio. Em primeiro lugar, será necessário descobrir qualidades mentais mensuráveis que não dependem da educação. Os testes de inteligência se destinam a fazer isso, mas, na melhor das hipóteses, cumprem essa função apenas em um meio social homogêneo. Há perguntas relativas ao dinheiro, por exemplo, que serão respondidas mais prontamente por crianças urbanas do que por crianças rurais. Há questões que exigem rimas com certas palavras que serão mais fáceis para as crianças versadas em poesia do que para as outras. Assim que os testes de inteligência são aplicados à comparação de crianças de contextos muito diferentes, tornam-se bastante enganosos; entretanto, é com base apenas nessas aplicações que muitos adeptos da hereditariedade em detrimento do ambiente obtêm seus resultados.

Quando as crianças moram com os pais, é impossível separar hereditariedade e fatores educacionais em quaisquer semelhanças mentais que possam existir. Se a população inteira fosse submetida a testes de inteligência, com o tempo, poder-se-ia obter um material valioso em orfanatos. Caso fosse constatado que, em um determinado orfanato, houve uma correlação entre a inteligência das crianças e a de seus pais, isso seria um bom indício de hereditariedade. Mas, no momento, ainda é necessário buscar esses indícios.

Na busca das leis da hereditariedade mental, a qualidade selecionada deve ser simples, clara e mensurável. Pode-se, por exemplo, pronunciar uma frase – de preferência, sem sentido – e exigir que a criança a repita. O número de palavras da frase mais longa que a criança consegue repetir de forma correta seria a medida de uma qualidade mental, mas não necessariamente de uma qualidade muito desejável. Macaulay, como é do conhecimento de todos, era dotado dessa qualidade em um grau quase inacreditável; porém, infelizmente, não se sabe se o pai ou a mãe tinha essa qualidade ou não. Se todas as crianças estudantes fossem testadas a esse respeito a cada aniversário durante todos os anos escolares, poderíamos, em quarenta anos, adquirir material de valor considerável quanto à hereditariedade mental.

No entanto, esses métodos estatísticos nunca irão satisfazer o mendeliano, que deseja isolar o gene ou o grupo de genes

Educação e ordem social

específico relativo a todo caso de hereditariedade. As qualidades mentais são tão complexas que essa tarefa, ao que parece, continuará irrealizável por muitos anos. Mas é possível que algumas qualidades mentais sejam mais passíveis de isolamento que a maioria das outras. As capacidades matemática e musical podem ser adequadas para esse fim. Ambas são estatisticamente raras, mas, quando existem, tendem a ficar muito acima da média. Também tendem a ser características familiares, mas é impossível saber até que ponto isso se deve à educação. Mozart, por exemplo, teve um pai musical, mas o seu pai lhe transmitiu tanto instrução quanto capacidade musical. Até onde eu sei, nunca houve nenhum grande gênio musical ou matemático vindo de um orfanato; portanto, esse método de testar a hereditariedade não nos serve.

O trabalho de Galton e seus seguidores, com o objetivo de provar que a capacidade é herdada, está longe de ser convincente do ponto de vista científico, embora seja provável que exista alguma verdade em sua tese. Porém, até que se tenham criado formas de eliminar o efeito do ambiente dos pais, todo esse assunto tem de permanecer aberto à dúvida.

O desfecho da questão, do ponto de vista do educador prático, é simples. Espera-se que haja diferenças de capacidade entre os alunos que não sejam atribuíveis à influência do ambiente; qualquer talento inato que se descubra deve ser cultivado e, caso seja realmente notável, é preciso permitir, desde tenra idade, que tome um tempo que seria, em outras circunstâncias, empregado na educação geral. Entretanto, não se deve pressupor nada em relação à inteligência de um aluno ou grupo de alunos, nem contra, nem a favor, em razão de raça, *status* social ou realizações pessoais dos pais. Há espaço para a pesquisa

Bertrand Russell

a respeito da herança da capacidade, e é fácil criar métodos de estudar a questão cientificamente; contudo, se tais métodos fossem adotados, decorreria pelo menos uma geração até que pudessem gerar frutos. Nesse ínterim, a única posição cientificamente válida é admitir a nossa ignorância quanto à distribuição da capacidade inata e às leis de sua herança.

4.
Emoção e disciplina

A educação sempre teve um duplo objetivo, a saber, a instrução e o treinamento para a boa conduta. A concepção de boa conduta varia de acordo com as instituições políticas e tradições sociais da comunidade. Na Idade Média, época em que havia uma organização hierárquica que, em estágios graduais, ia do servo até Deus, a principal virtude era a obediência. As crianças eram ensinadas a obedecer aos pais, reverenciar seus supervisores sociais, sentir assombro na presença do sacerdote e submissão diante do senhor da casa senhorial. Somente o imperador e o papa eram livres e, já que a moralidade da época não oferecia orientação a homens livres, eles passavam o tempo lutando entre si. Os modernos são diferentes dos homens do século XIII tanto no objetivo quanto no método. A democracia substituiu a submissão pela cooperação e a reverência pelo instinto de rebanho; o grupo em que o instinto de manada é mais ativo se tornou a nação, que antes era irrelevante em razão da universalidade da Igreja. Nesse ínterim, a propaganda virou persuasiva em vez de bruta e aprendeu a agir instilando sentimentos adequados desde o início da juventude. A música eclesiástica, as canções escolares e a bandeira determinam, por sua influência sobre o menino, as ações subsequentes do homem em momentos de forte emoção. Contra essas influências, os ataques da razão têm pouco poder.

A influência de ideias políticas no início da educação nem sempre é óbvia e muitas vezes é inconsciente por parte do educador. Assim sendo, para o presente, pretendo considerar a educação como comportamento, deixando de lado, tanto quanto possível, a ordem social, tema que retomarei mais adiante.

Quando se busca produzir um certo tipo de comportamento em uma criança ou animal, há duas técnicas diferentes que podem ser adotadas. Por um lado, podemos, mediante recompensas e castigos, fazer que a criança ou o animal realize certos atos precisos ou se abstenha deles; por outro, podemos buscar produzir na criança ou no animal emoções que provocarão, em geral, atos do tipo desejado.

Mediante a distribuição adequada de recompensas e castigos, pode-se controlar uma parte muito grande do comportamento manifesto.

Em geral, a única forma necessária de recompensa ou castigo será o elogio ou a culpa. Por esse método, meninos naturalmente pusilânimes podem adquirir coragem física, e crianças sensíveis à dor, aprender a tenacidade estoica. As boas maneiras, caso não sejam impostas mais precocemente, podem ser aprendidas na adolescência por meio de um castigo não mais severo que o gesto desdenhoso de um erguer de sobrancelha. Aquilo que se chama de "bons modos" é adquirido por quase todos os que se expõem a eles, apenas pelo medo da má reputação que se ganha ao infringi-los. Aqueles que foram ensinados desde tenra idade a temer o desagrado do grupo como

Educação e ordem social

se fosse o pior dos infortúnios preferirão morrer no campo de batalha, em uma guerra da qual nada compreendem, a sofrer o desdém dos tolos. As escolas públicas inglesas levaram esse sistema à perfeição e, em grande parte, castraram a inteligência, fazendo que se encolhesse de medo diante do rebanho. A isso se chama fazer o menino se tornar viril.

Portanto, como força social, o método behaviorista de "condicionamento" é muito forte e bem-sucedido. Pode fazer – e faz – os homens agirem de modo muito diferente de como agiriam sem o condicionamento, e é capaz de produzir uma uniformidade impressionante no comportamento manifesto. Não obstante, tem suas limitações.

Essas limitações foram apresentadas cientificamente por Freud, embora homens de *insight* psicológico já as tivessem percebido de modo intuitivo havia muito tempo. Para os nossos fins, a descoberta essencial da Psicanálise é esta: um impulso que é impedido, por meio de métodos behavioristas, de se expressar de modo manifesto em ação, não necessariamente morre, mas é levado ao "subterrâneo" e encontra outro escape que não tenha sido inibido pelo treinamento. Com frequência, o escape é mais danoso do que aquele que foi inibido e, em qualquer circunstância, a deflexão envolve perturbação emocional e dispêndio de energia sem proveito. Assim, é necessário dar mais atenção à emoção – e não ao comportamento manifesto – do que é dada por aqueles que defendem que o mero condicionamento é suficiente para treinar o caráter.

Além disso, há alguns hábitos indesejáveis contra os quais o método de recompensas e castigos é totalmente inoperante, até mesmo do seu próprio ponto de vista. Um desses hábitos é o de urinar na cama. Quando persiste além da idade em que geralmente cessa, o castigo apenas o torna mais arraigado. Embora esse fato seja há muito conhecido dos psicólogos, ainda é desconhecido pelos professores que, ano após ano, castigam as crianças que têm esse hábito, sem sequer perceber que o castigo não leva à correção. Em meninos maiores, a causa do hábito costuma ser algum distúrbio psicológico inconsciente arraigado, que deve ser trazido à tona para possibilitar a cura.

A mesma espécie de mecanismo psicológico se aplica a vários casos menos óbvios. Quando se trata de distúrbios nervosos evidentes, esse fato é amplamente reconhecido na atualidade. A cleptomania, por exemplo, não é rara em crianças e, diferentemente da gatunagem comum, não pode ser curada mediante castigo, mas somente pela determinação e pela eliminação da causa psicológica. É menos reconhecido o fato de que todos nós sofremos, em maior ou menor grau, de distúrbios nervosos com origem emocional. O indivíduo é considerado são quando a sua sanidade corresponde à da média de seus contemporâneos; no entanto, no homem médio, muitos dos mecanismos que determinam as suas opiniões e ações são bastante absurdos, de tal modo que, em um mundo de verdadeira sanidade, ele seria considerado insano. É perigoso produzir um bom comportamento social por meios que não lidem com as emoções antissociais. Enquanto essas emoções, embora persistentes, não encontrarem nenhum escape, ficarão cada vez mais fortes, levando a impulsos de crueldade que acabarão se tornando irresistíveis. No homem de vontade fraca, esses impulsos podem levar à criminalidade ou a alguma forma de comportamento que é punido com penalidades sociais. No homem de vontade forte, tomam formas ainda mais indesejáveis. Ele pode ser um tirano em casa, implacável nos negócios, belicoso

Educação e ordem social

na política, persecutório em sua moralidade social; por todas essas qualidades, outros homens com defeitos de caráter semelhantes irão admirá-lo; ao morrer, será respeitado universalmente, após haver espalhado ódio e tristeza em uma cidade, uma nação ou uma época, de acordo com sua capacidade e oportunidades. O comportamento correto combinado com más emoções não é suficiente, portanto, para fazer um homem contribuir para a felicidade da humanidade. Se esse é o nosso critério de conduta desejável, é preciso buscar algo mais na educação do caráter.

Tais considerações, assim como a observação compassiva das crianças, sugerem que o método behaviorista de treinar o caráter é inadequado e precisa ser complementado por um método bem diferente.

A experiência com crianças mostra que é possível operar no sentimento, e não apenas no comportamento externo, oferecendo a elas um ambiente em que as emoções desejáveis se tornarão comuns e as emoções indesejáveis, raras. Algumas crianças (e alguns adultos) são alegres, outras, taciturnas; algumas se contentam facilmente com qualquer prazer oferecido, ao passo que outras ficam inconsoláveis a menos que possam usufruir do prazer específico que determinaram em seus corações; algumas, na falta de indícios, veem o grosso dos seres humanos com amistosa confiança, enquanto outras enxergam a maioria das pessoas com aterrorizada desconfiança. Em geral, a atitude emocional predominante na criança persiste no adulto, embora, na vida posterior, os homens aprendam a ocultar suas pusilanimidades e ressentimentos com disfarces de maior ou menor eficácia. Portanto, é muito importante que nas crianças predominem as atitudes emocionais que, tanto na infância quanto posteriormente, farão que sejam felizes, bem-sucedidas e úteis, e não aquelas que levam à infelicidade, ao fracasso e à malevolência. Não há dúvida de que a psicologia tem o poder de determinar o tipo de ambiente que promove emoções desejáveis e que, com frequência, a afetividade inteligente sem ciência pode chegar ao resultado correto. Quando esse método é usado da forma certa, seu efeito sobre o caráter é mais radical e muito mais satisfatório que aquele obtido por recompensas e castigos.

O ambiente emocional correto para uma criança é uma questão delicada e, evidentemente, varia de acordo com a idade. Há necessidade durante toda a infância de uma sensação de segurança, embora esta diminua continuamente. Para isso, a gentileza e uma rotina agradável são essenciais. A relação com os adultos tem de ser de brincadeira e conforto físico, não de carícias emocionais. Deve haver grande intimidade com outras crianças. E, acima de tudo, oportunidade de iniciativa na construção, na exploração e nas aspirações intelectuais e artísticas. A criança tem duas necessidades opostas, segurança e liberdade, sendo que a segunda aumenta gradualmente em detrimento da primeira. O afeto oferecido pelos adultos deve causar uma sensação de segurança, mas não a ponto de limitar a liberdade nem provocar uma resposta emocional profunda na criança. A brincadeira, necessidade vital da infância, precisa ter a contribuição não só de outras crianças, mas também dos pais, e é determinante para a melhor relação entre pais e filhos.

Nas condições atuais, a liberdade é o elemento mais difícil de garantir. Não sou defensor da liberdade absoluta pelos motivos apresentados em um capítulo anterior; mas defendo certas formas de liberdade que a maioria dos adultos considera

Educação e ordem social

intolerável. Não é necessário haver um respeito forçado pelos adultos, que devem permitir serem chamados de tolos sempre que as crianças desejarem. Não podemos impedir que as crianças nos considerem tolos apenas proibindo que expressem seus pensamentos; na verdade, é mais provável que pensem mal de nós se não ousarem dizer isso. Crianças não devem ser proibidas de dizer palavras chulas – não porque seja desejável que as digam, mas porque é desejável que pensem que o fato de dizê-las (ou não) não tem importância, já que essa premissa é verdadeira. Crianças têm de ser totalmente livres do tabu do sexo e não reprimidas quando a sua conversa soe indecente para adultos inibidos. Quando expressam opiniões sobre religião, política ou moral, é possível se opor a elas com argumentos, desde que sejam genuínos e não dogmáticos: o adulto pode e deve propor questões para elas, mas não impor conclusões.

Dentro desses parâmetros, as crianças podem crescer destemidas e fundamentalmente felizes, sem o ressentimento que vem da frustração ou de exigências excessivas produzidas por uma atmosfera de afeto de estufa. Sua inteligência será livre de embaraços e sua visão sobre assuntos humanos terão a bondade que vem do contentamento. Um mundo com seres humanos dotados desse equipamento emocional acabaria rapidamente com o nosso sistema social e suas guerras, opressões, injustiça econômica, horror à liberdade de expressão e investigação e seu código moral supersticioso. A tolerância com esses males depende da pusilanimidade de pensamento e de um sentimento maldoso devido à falta de liberdade. O dr. Watson, que minimiza os aspectos congênitos do caráter, permite, não obstante, a raiva causada pela restrição dos membros como uma das reações não aprendidas das crianças. Essa emoção instintiva é a base do amor à liberdade. O homem cuja língua é cerceada por leis ou tabus contra a liberdade de expressão, cuja pena é cerceada pela censura, cujos amores são cerceados por uma ética que considera o ciúme melhor que o afeto, cuja infância foi aprisionada em um código de boas maneiras e cuja juventude foi talhada em uma ortodoxia cruel, sentirá, contra o mundo que o tolhe, a mesma raiva da criança cujos braços e pernas são imobilizados. Nessa raiva, ele se dedicará à destruição, tornando-se um revolucionário, um militarista ou um moralista perseguidor, segundo o temperamento e a oportunidade. Formar seres humanos que criarão um mundo melhor é um problema na psicologia emocional: é o problema de formar seres humanos que tenham uma inteligência livre combinada a um temperamento feliz. Esse problema não está além dos poderes da ciência; o que falta é a vontade, não o poder.

5.
Casa versus *escola*

A opinião de que as crianças devem ser educadas totalmente em casa está obsoleta na atualidade, embora esteja implícita nas obras de Locke e Rousseau, e foi aplicada à criação de Alexandre, Aníbal e John Stuart Mill. Na verdade, isso é possível somente para os ricos e, assim, não requer mais considerações. Entretanto, as proporções que têm de existir entre a casa e a escola e a idade na qual as crianças devem começar a frequentar a escola são temas legítimos de debate.

A visão adotada pela maior parte dos Estados europeus quanto à maioria dos filhos dos assalariados é que estes devem frequentar o externato dos 6 aos 13 ou 14 anos de idade. Certa porcentagem dos meninos e meninas mais capazes da classe trabalhadora é estimulada, por meio de bolsas de estudos, a continuar sua educação além dessa idade, ao passo que, para os filhos e filhas dos abastados, isso é algo natural e esperado. Não há consenso em relação ao limite de idade desejável, não obstante as dificuldades relacionadas à despesa pública, para realizar a educação universal; tampouco há consenso quanto a qual espécie de escola é melhor em si mesma — externato ou internato. Ao que parece, segundo a opinião geral, existe algo chamado "o bom lar", que é melhor do que qualquer internato, mas certa porcentagem indefinida dos lares não é "boa" no sentido pretendido. De minha parte, creio que a questão é difícil, pois há argumentos contundentes para cada lado. Na verdade, a questão é dúplice: (1) A escola deve iniciar em qual idade? (2) Deve ser um internato ou externato? Abordemos essas questões em ordem.

A escola deve iniciar em qual idade? A resposta precisa depender da casa – mais da topografia do que de seu caráter moral ou psicológico. Uma criança que mora na fazenda ou no campo pode passar seu tempo de modo feliz e proveitoso vagando, observando animais, vendo a preparação do feno, colhendo, debulhando e arando até que chegue o momento necessário para iniciar a instrução formal. Mas, para a criança urbana cujos pais moram em um apartamento apertado, a questão é totalmente diferente. Para ela, a escola é desejável como uma fuga rumo à liberdade – liberdade de movimento, liberdade de ruído e liberdade de companhia. Conheço muitos homens da Medicina que se opuseram aos jardins de infância, pois supunham que toda escola deve ser um local de instrução com lições fixas. O tipo correto de jardim de infância terá apenas o nível de instrução necessário para divertir as crianças. Portanto, longe de impor um esforço a elas, deve aliviá-las da supervisão e da interferência quase inevitáveis em casas pequenas.

Crianças urbanas cujos pais não são ricos têm certas necessidades físicas e fisiológicas que não podem ser supridas em casa. A primeira delas é a necessidade de luz e ar. Margaret McMillan constatou que uma porcentagem muito grande das

Educação e ordem social

crianças do seu jardim de infância tinha raquitismo ao começar a frequentá-lo, e que quase todas se recuperavam pelo fato de estar ao ar livre. A segunda necessidade é a alimentação adequada. Essa alimentação não é dispendiosa e, teoricamente, poderia ser fornecida em casa; porém, na prática, isso é impossível devido à falta de conhecimento e ao conservadorismo culinário. A terceira necessidade é a de espaço para traquinagens e brincadeiras. As crianças de pais muito pobres encontram esse espaço na rua, mas outras estão proibidas de fazer isso. E, de qualquer forma, a rua não é o melhor lugar para brincar. A quarta necessidade é o barulho. Proibir a criança de fazer barulho é uma crueldade, mas, na maioria das casas, o barulho simultâneo de várias crianças pode tornar a vida dos adultos intolerável. A quinta necessidade é a companhia de outras crianças da mesma faixa etária, uma necessidade que se inicia próximo ao final do segundo ano e se intensifica rapidamente. A sexta necessidade é fugir do interesse dos pais; esse fator é mais importante para os abastados do que para as classes mais pobres, em que as mães geralmente estão tão ocupadas que não podem prejudicar seus filhos com a vigília constante, ainda que inteligente e benevolente. A sétima necessidade é um ambiente com diversões adequadas, mas artificialmente seguro, ou seja, sem degraus de pedra, cantos cortantes ou objetos valiosos frágeis. Crianças privadas de todas essas necessidades até os 6 anos estão propensas a ser doentes, sem espírito empreendedor e nervosas.

O Estado moderno, com a exceção da municipalidade de Viena, ainda permanece alheio ao problema da criação de crianças pequenas. A questão é, em grande medida, arquitetônica. Nos bairros mais pobres das cidades, os apartamentos deveriam ser construídos em torno de três lados de um pátio, deixando o lado sul aberto para o sol. O espaço central teria de ser dedicado às crianças, que ali deveriam brincar e se alimentar sob supervisão, retornando aos pais para dormir. Isso seria um alívio imediato para as mães e um benefício imenso para as crianças. Todavia, atualmente o individualismo da casa separada é um estorvo, sobretudo na Inglaterra, onde essa característica domina a arquitetura mais do que em qualquer outro país.

Presumo que se suponha que os ricos não permitiriam que seus filhos compartilhassem as alegrias desses parquinhos comunais. Entretanto, a fuga para a liberdade por uma boa parte do dia é tão importante para os filhos dos ricos quanto para os dos pobres. Nenhuma casa urbana, por mais excelente que seja, pode fornecer o que é necessário para o crescimento mental e físico saudável de uma criança. Pode-se garantir a seletividade social por meio de altos valores, mas é essencial que haja alguma espécie de jardim de infância para todas as classes.

Até agora, examinamos os anos conhecidos como pré-escolares. Conforme as crianças crescem, os argumentos a favor dos internatos ficam mais fortes. Uma boa parte dos mais convincentes desses argumentos diz respeito à localização: os internatos podem ficar no campo, nos melhores ambientes, ao passo que os externatos, para a maioria das crianças, têm de estar localizados na cidade. Outro argumento – aplicável a muitos casos, mas não a todos – é que a casa é um local onde a criança está propensa a ser submetida a tensão nervosa. É possível que os pais discutam, a mãe seja demasiadamente ansiosa, o pai, pouco carinhoso; é possível que haja favoritismo em relação a um irmão ou irmã, causando ciúme; um dos pais pode ser afetuoso de uma forma tola. Seja como for, muito

Educação e ordem social

frequentemente, a casa é emotiva demais. As crianças precisam de uma vida tranquila, com prazeres e atividades, mas poucas emoções intensas. Em contraposição a tudo isso, deve-se admitir, creio eu, que o afeto prudente dos pais em quantidade correta é bom para a criança, dando-lhe um senso de segurança e do seu valor como ser humano. Não é fácil encontrar o equilíbrio entre essas situações opostas.

É difícil abordar a questão da casa *versus* escola em termos abstratos. Comparando casas ideais com escolas reais, a balança pende para um lado; comparando escolas ideais com casas reais, a balança pende para outro. Pessoalmente, não tenho dúvida de que a escola ideal é melhor do que a casa ideal, sobretudo a casa urbana ideal, por ter mais luz e ar e permitir mais liberdade de movimento e a companhia de mais crianças da mesma idade. Mas a isso não se segue, de forma alguma, que a escola real será melhor que a casa real. A maioria dos pais sente afeto pelos filhos, o que traça limites ao dano que causam a estes. Entretanto, as autoridades educacionais não têm afeto pelas crianças; na melhor das hipóteses, são movidas pelo espírito público, direcionado à comunidade como um todo, e não meramente às crianças; na pior das hipóteses, são políticos que se altercam por ninharias. Na atualidade, a casa desempenha um papel importante na formação da mentalidade do jovem, um papel que não é, de forma nenhuma, totalmente bom, mas talvez seja melhor do que aquele que seria desempenhado pelo Estado se este fosse o único controle sobre a criança. A casa dá à criança a experiência do afeto e de uma pequena comunidade na qual ela tem importância; também fornece a experiência de relações com pessoas de ambos os sexos e diversas idades e da multifacetada vida adulta.

Dessa forma, é útil como corretivo da simplificação artificial da escola.

A preservação da diversidade entre indivíduos é outro mérito da casa. Seria conveniente para o burocrata e o estatístico se fôssemos todos iguais, mas isso seria muito monótono e levaria a uma sociedade nada progressista. Na atualidade, as diferenças entre os indivíduos são bastante acentuadas pelas diferenças entre as casas. A diferença excessiva é um obstáculo à solidariedade social, mas um pouco de diferença é decisiva para a melhor forma de cooperação. Uma orquestra precisa de homens com talentos diferentes e, dentro de certos limites, gostos diferentes; se todos os homens insistissem em tocar trombone, a música orquestral seria impossível. Por analogia, a cooperação social exige diferenças de gosto e aptidão, cuja existência será menos provável se todas as crianças forem expostas às mesmas influências do que se permitirmos que as diferenças entre os pais as afetem. Esse é, a meu ver, um argumento importante contra a doutrina platônica segundo a qual as crianças deveriam ser criadas exclusivamente pelo Estado.

No mundo tal como é o de hoje, há duas entidades, fora da família, voltadas para jovens: uma é o Estado; a outra, as Igrejas. Na Inglaterra, entre os filhos dos assalariados, cerca de dois terços são educados pelo Estado, mas o restante se divide entre diversos órgãos religiosos, principalmente anglicanos e católicos romanos. Em geral, os filhos dos abastados são educados em uma atmosfera anglicana. A maioria das "melhores" escolas para meninas é anglo-católica, e a influência da religião sobre a educação das classes alta e média vem aumentando.

Tal como estão constituídos nos dias atuais, tanto a Igreja quanto o Estado têm certos defeitos na qualidade de

Educação e ordem social

influências na educação. Tratarei longamente desses defeitos em capítulos vindouros. Digo apenas, por antecipação, que tanto a Igreja quanto o Estado exigem a aceitação de premissas em que nenhuma pessoa imparcial pode acreditar e de uma moralidade tão cruel que só pode ser aceita por pessoas cuja bondade foi inibida pelo dogma. Seguem exemplos de premissas inacreditáveis. A Igreja Católica Romana sustenta que um padre pode transformar pão no corpo e sangue de Cristo ao falar-lhe em latim; o Estado britânico sustenta que o império é uma dádiva para as nações súditas. Para fazer os jovens acreditarem nessas premissas, é necessário conservá-los ineptos e ensiná-los a não usar o poder de raciocínio em certas direções. Seguem exemplos de moralidade cruel. A Igreja Católica Romana exige uma legislação tal que, se uma mulher engravida de um sifilítico, ela não pode interromper a gestação de maneira artificial, tendo de permitir o nascimento de uma criança provavelmente sifilítica, para que, depois de uns poucos anos desgraçados na terra, ela possa passar a eternidade no limbo (pressupondo que os seus pais não sejam católicos). O Estado britânico considera que todo inglês tem o dever de matar pessoas que não são inglesas sempre que um grupo de cavalheiros idosos de Westminster lhe ordena fazer isso. Esses exemplos bastam para ilustrar o fato de que a Igreja e o Estado são inimigos implacáveis da inteligência e da virtude.

Assim sendo, é perigoso reduzir a influência da casa na educação antes de sabermos o que tomará o seu lugar. Em um Estado mundial livre da teologia, provavelmente a casa teria muito menos valor para o jovem e este, em média, seria mais feliz e mais inteligente com a eliminação das influências dos pais. No entanto, nos dias de hoje, com exceção da Rússia, deve-se conquistar todo o progresso em oposição à Igreja e ao Estado, e tudo o que aumente a sua influência sobre as mentes dos homens tem de ser considerado alarmante.

A questão sobre se as crianças devem ser afastadas dos pais e criadas pelo Estado deve ser levada em conta não só em relação às crianças, mas também aos pais. O sentimento parental tem uma forte influência sobre o comportamento, não apenas nas mulheres, mas também nos homens. Não temos dados que nos permitam julgar como seriam os homens e as mulheres se esse sentimento fosse eliminado, mas podemos conjecturar com convicção que sofreriam uma grande mudança. É provável que a maioria das mulheres teria pouco desejo de ter filhos nessas circunstâncias e que a criação de filhos se tornasse uma profissão remunerada, incorporada como um ramo do serviço público. É provável que as relações entre homens e mulheres se tornassem banais e que o afeto conjugal sério escasseasse. E que os homens se mostrassem menos inclinados ao trabalho árduo, já que, na atualidade, na vida da classe média, o principal incentivo de muitos homens é o desejo de sustentar suas famílias. São prova disso os altos valores que os homens pagam por seguro de vida, comprovando que se importam com o que acontece às suas famílias após o seu falecimento. Pode-se duvidar se, em um mundo em que a família não existe, homens comuns se preocupariam com acontecimentos posteriores à sua morte. É possível que uma espécie de paralisia acometesse a comunidade, tal como ocorre com uma colmeia quando a rainha é eliminada. Quanto a isso, somente a experiência pode decidir. Por enquanto, essa experiência não existe.

No entanto, há muito a dizer a respeito do outro lado. Todas as emoções possessivas são perigosas, inclusive as dos pais

Educação e ordem social

em relação aos filhos. Os sentimentos dos pais pelos filhos são intensamente individualistas e competitivos; muitos homens que, enquanto não têm filhos, são cheios de espírito público ficam absortos no bem-estar da sua própria família tão logo se tornam pais. Em grande parte, a paixão pela propriedade privada está ligada à família; os comunistas, a começar por Platão, estão certos em pensar que o seu sistema econômico exige a cessação da propriedade privada no que tange às crianças. É possível que tudo o que seja admirável e útil no sentimento dos pais possa ser transferido para as crianças de uma determinada escola ou, em indivíduos excepcionais, às crianças em geral. Isso, caso fosse possível, seria um grande avanço moral. O sentimento dos pais é, creio eu, a principal fonte de altruísmo, e muitas mulheres sem filhos mostram o quanto este pode se tornar valioso ao ser universalizado. Se esse sentimento pudesse se libertar do laivo possessivo que necessariamente terá enquanto estiver associado à paternidade física, talvez o mundo perdesse parte de sua ferocidade e os homens pudessem desejar o bem da humanidade como um todo. Tudo isso é conjectural, mas é uma hipótese a se considerar.

Até certo ponto, a questão da casa *versus* escola pode ser decidida com base no senso comum, sem levantar questões fundamentais. Porém, ao tentarmos ir além, deparamos com o nosso desconhecimento da psicologia humana: não sabemos até que ponto nossos sentimentos são instintivos ou quão vigorosos eles poderiam ser caso fossem treinados para ser muito diferentes do que são na atualidade. Espera-se que, com o tempo, a Rússia forneça dados que nos permitam saber mais sobre essas questões; nesse ínterim, a única atitude científica é a suspensão do juízo.

6.
Aristocratas, democratas e burocratas

A família e o Estado são forças opostas desde que o último passou a existir: os dois podem se harmonizar emocionalmente apenas na Família Real. Por consequência, surgiu o fingimento de que a nação era uma grande família, cuja cabeça é o soberano. Esse ponto de vista prevaleceu na China e no Japão, no México e no Peru, e, em certa medida, em todos os lugares em que a ideia de uma realeza divina era contundente. Por meio disso, pôde-se criar um Estado forte: o sentimento que inspirou lealdade nos homens tinha características que eram, em parte, de veneração religiosa, em parte, de respeito pelo chefe da família. O Estado impessoal foi uma criação dos gregos e dos romanos, em especial destes: o relato do ancião Brutus, que sacrificou seus filhos pelo bem público, representa aquilo que se pode chamar de religião do espírito público. No Oriente, essa religião é muito recente, produto de influências europeias. Confúcio estabeleceu deliberadamente a piedade filial acima da lei e atribuiu culpa a um filho que entregou um pai criminoso à justiça. No Japão, o patriotismo ainda conserva muito do antigo caráter de devoção ao chefe de família divino;

quando, como deve acontecer, esse sentimento arrefece sob a influência do racionalismo, gera dúvida quanto à sobrevivência do regime japonês, e não é improvável que possa dar lugar a um governo mais semelhante ao modelo russo. Na China, há uma tentativa persistente de criar um patriotismo moderno em substituição ao antigo sentimento familiar; essa tentativa gira em torno do Partido Kuo Min Tang e da veneração quase religiosa de Sun Yat-sen. Na Índia, vem surgindo um patriotismo moderno por meio do ódio aos ingleses. Entretanto, em todos esses países, devido à ausência da tradição romana, o patriotismo como o entendemos ainda é um tanto exótico.

Em tempos modernos, a abordagem mais próxima ao sentimento romano ocorre na classe alta britânica. Em outros lugares, até a Revolução Francesa, o Estado era personificado pelo monarca; na Inglaterra, após a execução de Carlos I, o Estado e o monarca foram separados nitidamente na mente dos homens. Durante todo o período entre 1688 e 1832, a Inglaterra foi, de fato, uma República patrícia, em que as famílias governantes tinham o entendimento quase instintivo dos assuntos públicos que haviam caracterizado os romanos em seus grandes dias. Não quero dizer que, tanto na Inglaterra quanto em Roma, a aristocracia mostrava indiferença aos seus interesses privados. O Brutus jovem, modelo de virtude republicana austera, emprestou dinheiro a uma municipalidade a 60% e, quando os juros não foram pagos, ele contratou um exército privado para sitiá-la. A aristocracia inglesa do século XVIII usava seu controle sobre ambas as casas do Parlamento para roubar das pessoas comuns seus direitos por meio de leis de cercamento. Não obstante, em ambos os casos, as classes governantes consideravam o Estado um assunto pessoal, algo praticamente

Educação e ordem social

impossível para qualquer indivíduo nas vastas democracias dos tempos atuais.

Todo sistema social tem seu instrumento educacional adequado, que, no caso da hierarquia britânica, era principalmente a escola privada – Eton em especial, mas também, embora em menor grau, escolas como Harrow, Winchester e Rugby. Pela operação dessas escolas, a mentalidade do aristocrata do século XVIII se manteve nos detentores do poder político durante todo o século XIX, apesar das profundas mudanças na Constituição nominal. As escolas públicas ainda existem e continuam sendo consideradas pela maioria dos ingleses ricos símbolo de tudo o que há de melhor na nossa tradição. Portanto, ainda é necessário discutir a sua contribuição para a nossa vida nacional.

Psicologicamente, o aspecto mais importante do sistema de escolas preparatórias e públicas é que, nos primeiros anos de vida, afasta o menino de casa e de toda influência feminina, deixando-o exposto e indefeso ante os maus-tratos de garotos mais velhos e a possível hostilidade dos seus contemporâneos, sendo compelido a encerrar em si mesmo todo o desejo de bondade e maternidade, que retém da infância, e forçado a centrar esse sentimento, por não conseguir reprimi-lo, exclusivamente em outros meninos. No início, é provável que seja muito infeliz, mas, aos poucos, se ele não estiver acima da média em termos de sensibilidade ou inteligência, aprende a usar uma armadura e aparentar insensibilidade; na vida escolar, busca poder e glória, excluindo todos os outros objetos; se for hábil nos esportes, poderá alcançar um prestígio que não terá na vida posterior até que tenha conseguido algum cargo de considerável eminência pública. Em seus anos escolares posteriores, o respeito dos mais novos e sua autoridade sobre eles o fazem esquecer sua infelicidade inicial e, ao chegar aos 40 anos, pensará que os anos de escola foram a época mais feliz de sua vida. Entretanto, essa felicidade, tal como foi, veio do exercício de uma autoridade banal e de uma admiração que recebeu por méritos sem importância. Por instinto, ele busca oportunidades de prazeres semelhantes na vida posterior: deseja pessoas para governar, para as quais ele parecerá um ser divino. Para isso, vai viver entre pessoas não civilizadas – ou que, segundo ele, não são civilizadas: torna-se um construtor de impérios, um posto avançado de cultura, um homem com a missão de levar a iluminação ocidental a lugares obscuros. Se os "nativos" o tratarem como os meninos pequenos o faziam em seus últimos dias de escola, tudo correrá bem: ele é bondoso e amável, correto e trabalhador, estoico diante da solidão e do desconforto, que não são piores do que os de seus primeiros anos na escola.

No entanto, se os nativos não o admirarem, ele começará a apresentar uma postura menos agradável. Em contato com os selvagens, em que a sua superioridade não é questionada, frequentemente vai bem em razão de sua coragem e resistência; porém, em contato com uma civilização estrangeira, como as do Oriente, se transforma em alguém digno de pena. Vi no Oriente homens que se consideravam a fina flor de uma educação de escola pública, mas, em comparação com orientais cultos, me deram vergonha de ser um inglês. Meus compatriotas podem ter rostos vermelhos, beber muito e passar o horário de trabalho sendo explorados e o tempo de lazer no esporte e no *bridge*, totalmente ignorantes da cultura ocidental e sem sequer se darem conta da existência da cultura oriental. Contudo, em contato com homens que sabem o que vale a pena saber em sua

Educação e ordem social

própria civilização e, além disso, conhecem muito mais acerca da civilização ocidental do que os egressos de escolas públicas, esses broncos ignorantes mantêm a insolência de conquistadores militares, satisfeitos em provar a sua superioridade por meio das armas dos seus navios de guerra. Os japoneses reagiram a essa brutalidade desdenhosa adotando os nossos padrões, e o restante do Oriente tem seguido o seu exemplo. Como motor do imperialismo, as escolas públicas fracassaram.

As causas desse fracasso são em parte intelectuais, em parte psicológicas. Para começar pelas causas intelectuais que estão mais próximas à superfície: o espírito das escolas públicas é o desprezo à inteligência, mais especificamente à inteligência científica. Os professores são selecionados, em grande parte, por suas qualificações atléticas; devem cumprir, pelo menos na aparência, um código de comportamento religioso, político, social e moral que é intolerável para a maioria das pessoas inteligentes; devem incentivar os meninos a estarem constantemente ocupados, para que não tenham tempo para o pecado sexual nem, incidentalmente, para pensar; devem desestimular quaisquer traços de independência mental que possam sobreviver aqui e acolá entre os meninos mais inteligentes; no final, têm de entregar um produto acabado tão imbuído da veneração das "boas maneiras" que se torna incapaz de aprender qualquer coisa importante durante o resto da vida. Esses são alguns dos defeitos intelectuais das nossas escolas públicas – defeitos inseparáveis do fato de que as escolas públicas se destinam a reforçar um sistema intelectualmente indefensável.

Os defeitos psicológicos das escolas preparatórias e públicas se devem sobretudo a duas causas – o fato de isolar os meninos da companhia feminina e o código moral convencional.

69

No início, os meninos mais novos inevitavelmente sentem falta do afeto das mães, das irmãs mais velhas e até mesmo das babás; nessas circunstâncias, as mães se tornam objeto de velada saudade e veneração, ainda mais intensas porque professar o desprezo por todas as mulheres está na moda. Após a puberdade, eles tendem a praticar a masturbação, a homossexualidade ou ambos, e muitos deles acreditam que estão pecando ao fazer isso. Na melhor das hipóteses, são obrigados a ser furtivos, já que todas as autoridades veem as aberrações sexuais com horror. Em muitos deles, esse estado de coisas tende a aperfeiçoar a imagem da mãe como a de uma mulher que inspira uma afeição sem a nódoa carnal. Com frequência, esse tipo de sentimento impossibilita a felicidade no casamento e, às vezes, gera desprezo por qualquer mulher com a qual exista a possibilidade de uma relação sexual. A infelicidade resultante desse emaranhado psicológico costuma gerar crueldade e fazer que o poder seja a única fonte de felicidade disponível. Assim, a mentalidade do imperialista é reforçada pelos complexos de pessoas que sofrem de privação sexual.

Os males existentes em escolas públicas inglesas talvez sejam inseparáveis da educação aristocrática, mas, em geral, é provável que existam em todo lugar onde haja uma classe com proeminência social hereditária. Essa classe buscará principalmente o poder de comando; cultivará, portanto, a vontade em lugar da inteligência ou da sensibilidade e incluirá em seu treinamento os elementos de ascetismo que forem úteis para dar força de vontade. Sob a influência da riqueza, as aristocracias do passado com frequência se tornavam frouxas devido ao luxo ou cediam ao crescimento da opinião liberal. Nenhuma aristocracia consegue se manter por muito tempo, a não ser que se

Educação e ordem social

proteja contra esses perigos. Desse modo, tanto as boas quanto as más qualidades das escolas públicas inglesas são necessárias para a educação de uma classe aristocrática que perpetua a si mesma. Hoje em dia, a aristocracia é um tanto antiquada e, ao mantê-la, a Inglaterra passa a ser considerada como algo inusitado que sobrevive, tal como os marsupiais. Por esse motivo, e não por um erro em algum detalhe, Eton deixou de ter a importância que possuía havia cem anos. O sistema de educação – seja ele qual for – destinado a preparar homens para assumir o seu lugar no mundo moderno não pode de modo algum ser um sistema aristocrático.

A educação democrática pura tem males tão grandes quanto os da aristocracia, se não maiores. A democracia, na qualidade de sentimento, tem dois lados. Quando diz "sou tão bom quanto você", é salutar; porém, ao dizer "você não é melhor do que eu", torna-se opressiva e passa a ser um obstáculo ao desenvolvimento de um mérito excepcional. Para expressar a questão de forma mais precisa: a democracia é boa quando inspira respeito próprio, mas má quando inspira a perseguição de indivíduos excepcionais pelo rebanho. Evidentemente, esse gênero de perseguição existe em escolas aristocráticas, onde meninos excepcionais são submetidos de forma recorrente a graves maus-tratos. Entretanto, somente na democracia isso se torna tanto teoria quanto prática e vai além da escola, estendendo-se pelo mundo. A tolerância com os excêntricos, uma das melhores características da vida inglesa, está ligada à aristocracia. Byron e Shelley sofreram perseguição social, embora não tanto quanto teriam sofrido em uma democracia; além disso, tinham mais capacidade de resistir a ela se comparados à capacidade que teriam sem o respeito próprio aristocrático.

No entanto, esse não é o maior mal educacional da democracia. Na América, onde o sentimento democrático é forte, é difícil criar sistemas educacionais que proporcionem às crianças inteligentes as vantagens necessárias. Recentemente, algo foi feito em relação a isso, mas sobretudo pelos que se opõem à democracia. É evidente que algumas crianças são mais talentosas que outras e que as mais talentosas, caso desejem ser tão felizes e úteis à comunidade quanto possível, precisam de um tratamento diferente daquele que é o mais adequado para as crianças dentro da média. O erro da aristocracia não está em pensar que alguns homens são superiores aos outros, mas em supor que a superioridade seja hereditária. O erro da democracia está em considerar todas as reivindicações de superioridade como legítimas razões para o rancor do rebanho. No mundo moderno, boa parte do trabalho necessário à comunidade exige uma capacidade superior à da maioria dos homens, e deve haver formas de selecionar homens excepcionais para fazer esse trabalho. Em geral, têm de ser tão qualificados quanto possível. É desejável selecioná-los enquanto ainda são bem jovens – aos 12 anos, digamos – e deve-se permitir que o seu progresso seja muito mais rápido do que aquele que é possível em uma classe de meninos ou meninas dentro da média. A ideia de que é antidemocrático apontar os melhores alunos leva a um grande desperdício de bom material. Voltaremos a abordar essa questão no Capítulo 12; portanto não tratarei mais dela. Afirmarei apenas que a causa do problema é o sentimento democrático desgovernado, não as formas democráticas de governo. Politicamente, a França é tão democrática quanto a América, mas não há dificuldade em garantir um tratamento especial para os capazes, pois há respeito pelo mérito intelectual e artístico,

Educação e ordem social

não só quando já atingiu grande notoriedade, mas também enquanto ainda está em processo de desenvolvimento.

A democracia, como teoria, não tem nas mentes dos homens a mesma influência que tinha antes da guerra. Ficou evidente que, em uma sociedade industrial, há posições-chave de poder que, se não estiverem nas mãos de plutocratas privados, serão ocupadas por diretores que podem estar remotamente sujeitos ao controle popular, mas, em muitos aspectos, poderão tomar decisões importantes por iniciativa própria. Chegamos assim à burocracia como alternativa prática à aristocracia e à plutocracia. Mesmo que se faça tudo o que for possível para eliminar privilégios injustos, o poder continuará sendo distribuído de modo não uniforme, pois isso é inevitável; mas será dado àqueles mais adequados para exercê-lo. Entretanto, não será um poder irresponsável, como o dos plutocratas e monarcas absolutos; será o poder sujeito ao controle supremo da democracia. Homens que devem exercer com prudência essa espécie de poder precisam possuir qualidades um pouco diferentes das produzidas pela educação democrática ou aristocrática. O elemento democrático está no fato de se encontrarem manifestamente acima da média em termos de capacidade e conhecimento. O elemento não aristocrático está no fato de que sua posição não depende do *status* social de seus pais, mas de suas capacidades pessoais. Além disso, já que não têm poder supremo e absoluto, não precisam de uma aptidão excepcional para comandar, apenas de poderes incomuns de chegar a conclusões acertadas e apresentar os motivos de suas conclusões a pessoas um pouco inferiores a eles em questão de cérebro.

Está claro que, conforme a sociedade se torna mais orgânica — efeito das invenções modernas e da técnica —, a importância do burocrata aumenta de maneira contínua. Educar corretamente aqueles que serão os dirigentes é, portanto, fundamental em um Estado científico. Isso exige, da parte dos educadores e dirigentes educacionais, respeito pela inteligência inata das crianças e meios de detectá-la; requer aulas especiais para os mais inteligentes e um currículo montado para dar-lhes de imediato uma perspectiva mental ampla e o que é necessário em relação a conhecimento especializado. Há uma tendência a supor que o conhecimento útil não pode proporcionar cultura e vice-versa. Acredito que isso seja uma ilusão. Existe a crença de que o conhecimento sobre a Guerra do Peloponeso proporciona cultura, ao passo que o conhecimento acerca da Revolução Russa é vulgar e reprovável. Pontos de vista desse tipo são um obstáculo, não só à aquisição de conhecimento útil, mas também à cultura sólida, que deve ter uma amplitude e uma universalidade que estão sendo roubadas perpetuamente pelos pedantes.

A educação do burocrata será uma educação para um tipo especial de cidadania. Mas não será uma educação sólida enquanto certos tipos de conhecimento tiverem especial prestígio por ser tradicionais, e outros departamentos do conhecimento forem considerados sem importância porque não são da alçada dos pedagogos. Na época da Renascença, parte da boa literatura era em latim ou em grego; nos dias atuais, já não é assim. A maioria dos professores ingleses de escolas públicas segue alheia a esse fato, e o governo britânico ainda seleciona seus funcionários públicos, em grande parte, pela proficiência nos clássicos, mesmo que o conhecimento de francês e alemão seja muito mais útil e tenha maior valor cultural. A estreiteza do conceito tradicional de cultura está fortemente relacionada

Educação e ordem social

ao desprestígio da cultura entre a população geral. A cultura genuína consiste em ser cidadão do universo, e não de apenas um ou dois fragmentos do espaço-tempo; ajuda os homens a entender a sociedade humana como um todo, a estimar com sabedoria os fins que as comunidades devem buscar e a enxergar o presente em sua relação com o passado e o futuro. Portanto, a cultura genuína tem grande valor para aqueles que manejarão o poder, para os quais é tão útil quanto informações detalhadas. O modo de tornar os homens úteis é fazê-los sábios, e uma mente abrangente é parte essencial da sabedoria.

7.
O rebanho na educação

Um dos fatores mais importantes para a formação do caráter é a influência do rebanho sobre o indivíduo durante a infância e a adolescência. Muitas falhas de integração na personalidade decorrem do conflito entre dois rebanhos diferentes dos quais a criança faz parte, ao passo que outras surgem de conflitos entre o rebanho e os gostos individuais. Na educação, deveria ser importante a questão de garantir que a influência do rebanho não seja excessiva e que suas operações sejam benéficas em vez de prejudiciais.

A maioria dos jovens está sujeita à operação de duas espécies diferentes de rebanho, que podem ser chamadas de grande e pequeno, respectivamente. O grande rebanho não está constituído apenas por jovens, mas por toda a sociedade da qual a criança faz parte. Isso é determinado sobretudo pela casa da criança, exceto nos casos em que há um conflito muito definido entre a casa e a escola, como acontece, por exemplo, com os filhos de imigrantes nos Estados Unidos. Contudo, no período que o menino ou a menina passa na escola, o grande rebanho tem menos importância do que o pequeno rebanho constituído por colegas de escola. Todo conjunto de seres humanos em grande proximidade habitual desenvolve um sentimento de rebanho, que se mostra em certa uniformidade instintiva de comportamento e na hostilidade a qualquer indivíduo que tenha a mesma proximidade, mas que não seja sentido como parte do grupo. Todo menino recém-chegado à escola tem de se submeter a um determinado período em que é visto com suspeita hostil por aqueles que já estão incorporados ao rebanho escolar. Se o menino não tem nada que seja estranho, é aceito de imediato no grupo e passa a agir como os outros, a sentir o que sentem e a pensar o que pensam. Se, por outro lado, ele tem algo incomum, uma de duas coisas pode acontecer: tornar-se o líder do rebanho ou permanecer como uma esquisitice perseguida. Pouquíssimas pessoas, combinando uma boa natureza incomum com a excentricidade, são capazes de adquirir uma licença para ser lunáticas, como o "doido Shelley" em Eton.

Durante seus anos escolares, homens convencionais percebem de modo rápido e quase instintivo quais são os requisitos para ser um membro convencional do rebanho, o que é necessário para obter uma respeitabilidade banal na vida posterior. Se um colega de clube faz alguma coisa que não é de todo correta, o homem recordará, da sua infância, o tipo de tratamento dispensado aos meninos esquisitos e, embora modifique o seu comportamento para se adaptar ao código da civilização adulta, ainda assim ele irá manter, em seu padrão essencial, aquilo que lhe convinha fazer em seus primeiros anos. Isso constitui o código moral deveras eficaz ao qual os homens são submetidos. O homem pode cometer atos imorais; pode cometer atos ilegais; pode ser insensível ou brutal ou, em situações adequadas, rude; mas não pode fazer nada que faça com que a

Educação e ordem social

sua classe se torne hostil a ele. Os atos que geram essa hostilidade dependem, evidentemente, do país, da idade e da classe social em questão. No entanto, tais coisas existem em todos os países, idades e classes sociais.

O medo do rebanho está profundamente arraigado em quase todos os homens e mulheres. Esse medo é implantado a princípio na escola. Torna-se, portanto, questão de suma importância na educação moral o fato de que os atos castigados pelo rebanho escolar precisam ser, na medida do possível, coisas indesejáveis cuja mudança esteja dentro do alcance do menino. Porém, é extremamente difícil garantir isso. O código natural de um rebanho de meninos não é, via de regra, muito elevado. Além disso, entre as coisas com maior probabilidade de receber castigo, há aspectos que estão fora do alcance de suas vítimas. Um menino que possui uma marca de nascença no rosto ou um hálito desagradável provavelmente sofrerá na escola, e nem mesmo um de cada cem meninos considerará que ele merece compaixão. Não acredito que isso seja inevitável. Creio ser possível ensinar aos meninos uma postura mais compassiva, mas a questão é difícil, e os professores que apreciam aquilo que se chama de virilidade provavelmente não se empenharão em fazer isso.

É mais grave – do ponto de vista social, mas não individual – o caso dos meninos cujo rebanho maior esteja, de alguma forma, em oposição ao pequeno rebanho da escola, como os judeus em um colégio constituído principalmente por gentios. A maioria dos judeus, até mesmo nas sociedades mais liberais, foi submetida na infância a insultos em razão da sua raça, e esses insultos permanecem na memória, colorindo toda a sua perspectiva acerca da vida e da sociedade. Em casa, o menino pode ser ensinado a ter orgulho de ser judeu: talvez não saiba, com o seu intelecto, que a civilização judaica é mais antiga que a maioria das nações ocidentais e que a contribuição dos judeus é, considerando a sua proporção numérica, incomparavelmente maior que a dos gentios. Não obstante, ao ouvir outros meninos gritando-lhe insultos raciais, ele tem dificuldade de recordar que ser judeu é algo positivo e, caso recorde, o faz de forma desafiadora. Desse modo, semeia-se em sua alma uma discrepância entre os padrões domésticos e os padrões escolares. Essa discrepância provoca grande tensão e também um profundo medo instintivo. Além do nacionalismo judaico, há duas reações típicas a essa situação: a dos revolucionários e a dos bajuladores. Podemos tomar Karl Marx e Disraeli como dois exemplos extremos dessas reações. É provável que o ódio de Karl Marx pela ordem existente não existisse se ele tivesse sido um gentio. Mas, por ser demasiadamente inteligente para odiar os gentios como tais, transferiu seu ódio pelos gentios em geral aos capitalistas. Como os capitalistas eram, de fato, odiosos em sua maioria, ele conseguiu, ao vê-los com os olhos do ódio, inventar uma teoria — em grande parte, verdadeira — a respeito do seu lugar na ordem social. Disraeli, racialmente judeu, mas de religião cristã, enfrentou a situação de outra forma. Admirava, com a mais profunda sinceridade, os esplendores da aristocracia e a magnificência da monarquia. Sentiu, na própria carne, que a estabilidade estava ali. Havia segurança contra a perseguição. Havia imunidade em relação aos *pogroms*. O mesmo medo do rebanho que, em Karl Marx, voltou-se para a revolução, em Disraeli foi direcionado para a imitação protetora. Com fascinante habilidade, tornou-se um do rebanho admirado, ascendeu à supremacia dentro dele e se fez líder de uma

Educação e ordem social

aristocracia orgulhosa, o favorito do seu soberano. A tônica da sua vida está contida em sua exclamação proferida quando a Câmara dos Comuns menosprezou o seu primeiro discurso: "Virá o dia em que me ouvireis!". A diferença em relação à atitude de um aristocrata nato perante as risadas é ilustrada pela história do ancião Pitt, que, certa vez, iniciou um discurso na Câmara com as palavras: "Açúcar, senhor", que provocaram risos de tensão. Olhando em torno, ele repetiu em voz mais alta: "Açúcar, senhor", com novos risos tensos. Pela terceira vez, com expressão colérica e voz reverberante, ele repetiu: "Açúcar, senhor". E, dessa vez, não se ouviu o menor som de riso.

Muitos tipos de eminência, tanto bons quanto maus, são causados pelo desejo do menino em apagar alguma vergonha que passou diante do rebanho. Os bastardos são uma ilustração disso. Edmundo, em *Rei Lear*, mostra que a sua condição de filho ilegítimo o tornou hostil às pessoas convencionais. Ouso dizer que Guilherme, o Conquistador, não teria sido motivado a realizar façanhas notáveis se não desejasse limpar a mancha de seu nascimento.

Até agora, consideramos o efeito de rebanhos bastante comuns sobre indivíduos anormais quanto ao caráter ou à circunstância. Porém, não raramente, surgem rebanhos de meninos de um gênero mais radical, pernicioso e cruel do que os rebanhos que eram costumeiros na juventude da maioria de nós. Kropotkin, quando jovem, foi membro do corpo de pajens, a escola aristocrática em que meninos que contavam com o favorecimento especial do czar eram educados. Suas descrições dos acontecimentos escolares são interessantes. Ele diz, por exemplo:

Bertrand Russell

A primeira classe fez aquilo que lhe agradava; e não muito antes do inverno passado, uma das suas brincadeiras preferidas era reunir os "novatos" à noite em uma sala, em suas vestes noturnas, e fazê-los dar voltas correndo, como cavalos de circo, enquanto os valetes de quarto, armados com grossos açoites de borracha da Índia, alguns posicionados no centro e outros no exterior, os fustigavam sem piedade. Via de regra, o "circo" terminava à moda oriental, de forma abominável. Os conceitos morais em voga na época e o palavreado chulo empregado na escola para descrever o que ocorria à noite após o circo eram tais que, quanto menos se fala deles, melhor.

A influência do rebanho escolar sobre o caráter de homens notáveis é muito grande. Tomemos Napoleão como exemplo. Na juventude, ele frequentou a aristocrática escola militar de Brienne, onde quase todos os outros meninos eram ricos e da alta nobreza. Teve de frequentar essa escola em decorrência de uma concessão política da França à Córsega, por meio da qual um pequeno número de jovens corsos foi educado em Brienne gratuitamente. Napoleão veio de uma família numerosa, e sua mãe era pobre. Depois que ele se tornou imperador, descobriu-se convenientemente que ele descendia de uma antiga família de gibelinos, mas não se sabia disso na época. Suas roupas eram simples e puídas, ao passo que os outros jovens vestiam trajes impecáveis. Ele era um joão-ninguém desprezado, a quem dedicavam um arrogante desdém. Quando eclodiu a Revolução Francesa, ele aderiu a ela. Pode-se desconfiar que um dos elementos dessa adesão tenha sido a humilhação infligida aos seus colegas dos anos de Brienne. No entanto, quando ascendeu a imperador, abriu-se a possibilidade de uma vingança mais

Educação e ordem social

refinada, à moda das *Mil e uma noites*. Os mesmos homens que o haviam desprezado poderiam ser levados a implorar pelo privilégio de se curvar diante dele. É possível duvidar de que o esnobismo que manchou seus últimos anos de poder teve como origem as humilhações sofridas quando menino? Sua mãe, que não havia passado pelas mesmas humilhações, via a sua carreira com um distanciamento cético e, contra a vontade dele, insistia em poupar grande parte do salário dela como preparação para o dia em que suas glórias chegassem ao fim.

Houve alguns grandes homens, em sua maioria monarcas, que nunca sofreram a pressão do rebanho. O mais notável deles é Alexandre Magno, que jamais foi um em uma multidão de iguais. Talvez tanto a sua grandeza quanto os seus defeitos se devessem, em parte, a esse fato. Ele não foi dissuadido de ideias grandiosas por uma modéstia como a que é instilada no menino recém-chegado à escola. Vendo-se como um conquistador, parecia-lhe natural conquistar o mundo todo. Vendo-se como maior do que os seus contemporâneos, parecia-lhe natural pensar que era um deus. Em seu trato com os amigos, até mesmo os mais próximos, não mostrava indício nenhum de que reconhecia seus direitos. O homicídio de Parmênio e Cleito, tomado isoladamente, sugere um tirano cruel, mas é psicologicamente explicável, podendo ser atribuído à impaciência de um homem que nunca foi submetido ao rebanho.

Essas imagens têm a função de sugerir que o rebanho escolar é um dos fatores mais importantes para determinar o caráter, principalmente quando entra em conflito com alguma característica individual ou social de um menino com talentos excepcionais. O homem que deseja fundar uma boa escola deve pensar mais no caráter do rebanho que está criando do que em qualquer outro elemento. Se ele próprio é bondoso e tolerante, mas permite que o rebanho escolar seja cruel e inflexível, os meninos sob seus cuidados vivenciarão um ambiente doloroso, a despeito de suas grandes qualidades. Acredito que, em algumas escolas modernas, a doutrina da não interferência é seguida a tal ponto que permite facilmente a ocorrência de coisas desse gênero. Se os adultos não interferem em nada, é provável que as crianças maiores instaurem uma tirania sobre as menores, de modo que a liberdade – que deveria ser o lema da escola – existirá apenas para uma aristocracia dos que são fortes fisicamente. Contudo, é extremamente difícil evitar a tirania das crianças maiores por meio de medidas disciplinares diretas. Se os adultos exercerem a força em seu trato com as crianças maiores, as outras crianças, por sua vez, exercerão a força em seu trato com as menores. Deve-se buscar diminuir ao mínimo a pressão do rebanho, e a dominação da força física até um ponto compatível com a natureza humana juvenil. Embora seja positivo que meninos e meninas aprendam a lição do trato social com seus contemporâneos, não é bom que estejam sujeitos a uma pressão demasiadamente intensa do rebanho. A pressão do rebanho precisa ser avaliada por dois aspectos: em primeiro lugar, a intensidade e, em segundo, a direção. Se for intensa demais, produz adultos pusilânimes e convencionais, com escassas exceções. Isso é lamentável, por mais excelentes que possam ser os padrões morais seguidos pelo rebanho. Em *Tom Brown's Schooldays*, um menino é chutado por fazer suas orações. Esse livro teve grande repercussão e entre os meus contemporâneos soube de um que foi chutado na escola por não fazer orações. Lamento dizer que ele continuou sendo um proeminente ateu pelo resto da vida. Portanto, até mesmo essa

Educação e ordem social

forma altamente virtuosa de tirania do rebanho, aplicada em excesso, torna-se indesejável. A pressão excessiva do rebanho interfere na individualidade e no desenvolvimento de interesses que não são comuns entre a média dos meninos saudáveis — por exemplo: ciência e arte, Literatura e História, e tudo o mais que constitui a civilização. Não se pode negar, entretanto, que a emulação dentro do rebanho possui seus pontos positivos. Incentiva a destreza física e desestimula todo tipo de desonestidade furtiva. Portanto, dentro dos limites, tem sua utilidade.

Essa utilidade é muito maior nos casos em que os propósitos do rebanho são, em geral, bons, do que naqueles como o do relato de Kropotkin sobre o "corpo de pajens". Uma das vantagens das escolas especiais para meninos e meninas de capacidade incomum é que, nessas escolas, é provável que o rebanho seja bem mais iluminado que o das escolas comuns e muito menos hostil a aspirações civilizadas. Mas até mesmo no caso de meninos e meninas totalmente comuns é possível, mediante o exemplo dos adultos, produzir certo grau de tolerância e bondade e um grau considerável de interesse em empreendimentos coletivos — por exemplo, brincadeiras — em que o instinto de rebanho atua de forma cooperativa, não opressiva.

Para certos caracteres excepcionalmente fortes, há um valor educacional em se opor ao rebanho por algum motivo cuja importância é sentida profundamente. Tal ação fortalece a vontade e ensina ao homem a autoconfiança. Desde que não cause um sofrimento em excesso, isso pode ser totalmente positivo; porém, se o rebanho torná-lo infeliz além do limite, ou ele cederá e perderá o que havia de mais excepcional em seu caráter ou será tomado por uma ira destrutiva, que pode, como no caso de Napoleão, causar um dano inenarrável ao mundo.

Em relação ao rebanho maior que fica fora da escola, os pais cujas opiniões sejam, de alguma forma, heterodoxas enfrentam um dilema que muitos deles têm grande dificuldade de resolver. Se mandam os filhos a uma escola onde se incentivam opiniões incomuns ou se permitem liberdades atípicas, receiam que, ao entrar no mundo mais amplo, o menino ou a menina tenha dificuldade de se adaptar às coisas como são de fato. Aqueles que tiveram permissão de pensar e falar livremente sobre sexo serão oprimidos pelas reticências e pudores costumeiros. Aqueles a quem não se ensinou o patriotismo terão dificuldade de encontrar um nicho em nosso mundo nacionalista. Aqueles a quem não se ensinou o respeito à autoridade constituída terão problemas relacionados à liberdade de suas críticas. Em suma, aqueles que se acostumaram à liberdade sentirão mais incômodo com os grilhões da escravidão do que aqueles que foram escravos desde o nascimento. Pelo menos é esse o argumento que ouço de forma recorrente de pais com mentalidade liberal a favor de uma educação não liberal para os seus filhos.

Há, acredito eu, duas respostas a esse argumento, uma relativamente rasa e outra fundamental. A primeira dessas respostas consiste em ressaltar que o conformismo externo do comportamento é algo que os jovens aprendem com facilidade e que, de fato, é ensinado universalmente em todos os sistemas convencionais de educação, nos quais o comportamento das crianças diante dos pais e professores é diferente por completo do comportamento que apresentam entre si. É, acredito eu, tão fácil aprender esse conformismo na adolescência quanto em uma idade anterior. Em certa medida, trata-se de uma mera questão de boas maneiras. Seria rude falar contra Maomé para

Educação e ordem social

um muçulmano ou contra o Direito Criminal para um juiz. Talvez seja o nosso dever público expressar opiniões sobre esses dois assuntos publicamente, mas não temos o dever de expressá-los em privado em ambientes nos quais só podem causar sofrimento e raiva. Acredito que uma educação livre não precisa incapacitar o menino ou a menina a ter boas maneiras, nem a ter o grau de decoro externo que a vida convencional exige. Tampouco acredito que a dor do conformismo após uma educação livre seja tão grande quanto aquela causada pelos complexos implantados no decorrer da educação convencional. Em relação à primeira resposta, já é o suficiente.

A segunda resposta tem mais profundidade. Nosso mundo contém grandes males, que poderão ser sanados se os homens assim o desejarem. É verdade que aqueles que estão cientes desses males e os combatem provavelmente terão menos felicidade no dia a dia do que as pessoas que aceitam o *status quo*. Mas, em lugar da felicidade no dia a dia, terão algo que eu, de minha parte, valorizo mais, tanto para mim quanto para os meus filhos. Terão o senso de fazer o que estiver ao seu alcance para tornar o mundo menos doloroso. Terão um padrão de valores mais justo do que o padrão possível para o conformista descontraído. Terão o conhecimento de que estão entre aqueles que impedem a raça humana de mergulhar na estagnação ou no desespero. Isso é melhor do que um preguiçoso contentamento e, se a educação livre o promove, os pais não deveriam se acovardar ante as dores incidentais que pode acarretar para os seus filhos.

8.
Religião na educação

A religião é um fenômeno complexo, com um aspecto individual e outro social. No princípio dos tempos, a religião já era antiga: ao longo da história, o crescimento da civilização foi correlacionado à diminuição da religiosidade. As religiões mais antigas que conhecemos eram sociais, não individuais: havia espíritos poderosos que castigavam ou recompensavam toda a tribo de acordo com o comportamento ofensivo ou agradável dos seus membros individuais. Os sentimentos dos espíritos quanto ao tipo de comportamento considerado ofensivo ou agradável eram determinados por indução e registrados na tradição sacerdotal. Se um terremoto ou uma pestilência destruía os habitantes de alguma região, homens prudentes buscavam saber quais de seus hábitos eram estranhos e decidiam que, no futuro, esses hábitos deveriam ser evitados. Esse ponto de vista não está extinto de forma alguma. Conheci um vigário da Igreja Anglicana que atribuía a derrota dos alemães na Grande Guerra ao seu apreço pela alta crítica, já que, segundo ele, o criador do universo faz objeção à exegese textual dos manuscritos hebraicos.

Bertrand Russell

A religião, conforme seus defensores costumam nos dizer, é a fonte do senso de obrigação social. Quando um homem fazia alguma coisa que desagradava os deuses, estes tendiam a castigar não só o indivíduo culpado, mas toda a tribo. Consequentemente, sua conduta era uma questão que concernia a todos, já que vícios privados causavam calamidades públicas. Esse ponto de vista ainda domina o Direito Penal. Há anormalidades sexuais pelas quais homens são encarcerados, ainda que, de um ponto de vista racional, seu comportamento diz respeito apenas a eles mesmos; caso se tente qualquer justificativa para seu castigo, esta deve se basear naquilo que sobreveio às Cidades da Planície, já que somente assim a sua conduta pode fazer alguma diferença para a comunidade. É curioso que as coisas às quais os deuses fazem objeção raramente causariam dano caso não suscitassem a ira divina. Eles se opõem ao consumo de carne suína ou bovina e ao casamento com a irmã da esposa falecida; no tempo do rei Davi, Deus se opôs a um censo e matou tantas pessoas por meio de uma pestilência que as estatísticas do rei Davi se tornaram inúteis. Os deuses dos astecas exigiam sacrifícios humanos e canibalismo para favorecer seus adoradores. Não obstante, embora os códigos morais resultantes da religião sejam estranhos, deve-se admitir que a religião deu origem a eles. Se qualquer moralidade é melhor do que nenhuma, a religião tem sido uma força positiva.

Embora a religião tenha iniciado como um assunto da tribo, logo desenvolveu também um aspecto de todo individual. A partir do século VI a.C., aproximadamente, foram iniciados no mundo antigo movimentos amplamente separados que se ocupavam da alma individual e daquilo que um cristão chamaria de salvação. O taoismo na China, o budismo na Índia, a religião

Educação e ordem social

órfica na Grécia e os profetas hebreus tinham esse caráter: surgiram da percepção de que a vida natural é cheia de tristeza e da busca de um modo de vida que permitisse aos homens fugir do infortúnio ou, pelo menos, suportá-lo. Não muito tempo depois, Parmênides inaugurou a grande tradição da filosofia religiosa com a sua doutrina da irrealidade do tempo e unidade de todas as coisas. Tendo ele como ancestral, vieram Platão, Plotino, os pais da Igreja, Spinoza, Hegel, Bergson, e todos os filósofos do misticismo. Vem dos profetas hebreus o tipo de religião que se ocupa menos da metafísica do que da retidão; esse tipo é predominante no protestantismo. Em todas as formas de cristianismo há tanto um elemento moral quanto um elemento metafísico, devido ao fato de que o cristianismo surgiu de uma mescla íntima de judaísmo e helenismo; porém, em geral, conforme o cristianismo se deslocou rumo ao Ocidente, tornou-se menos metafísico e mais moral. O islã, com exceção da Pérsia, sempre teve apenas um leve traço de metafísica, enquanto as religiões provenientes da Índia são mormente filosóficas.

Desde o surgimento da religião individual, os elementos pessoal e institucional da vida religiosa estão em guerra. Geralmente, os elementos institucionais são mais fortes em termos políticos, já que contaram com o apoio dos sacerdotes e das doações e tradições, bem como do governo e da lei. A religião pessoal é uma questão privada, que não deve envolver a comunidade de forma alguma. Entretanto, a religião institucional é uma questão de grande importância política. Onde quer que exista a religião institucional, a propriedade está ligada a ela, e os homens podem ganhar a vida defendendo seus princípios, mas não (pelo menos não com facilidade) opondo-se a eles.

Bertrand Russell

Na mesma medida que a educação é influenciada pela religião, esta é influenciada pela religião institucional, que controla fundações antigas e, em muitos países, também o Estado. Na atualidade, na maioria dos países da Europa ocidental, a religião domina a educação dos ricos, mas exerce menos influência sobre a educação dos pobres. Isso é, em certa medida, um acidente político: onde nenhuma religião tem força suficiente para se impor ao Estado, as escolas estatais não podem ensinar as doutrinas de uma seita específica, mas as escolas mantidas pelos valores pagos pelos alunos podem ensinar qualquer coisa pela qual os pais considerem que vale a pena pagar. Na Inglaterra e na França, muito em decorrência desse estado de coisas, os ricos são muito mais religiosos que os urbanos pobres. Quando digo "religiosos", emprego o termo em sentido político: não quero dizer que sejam piedosos, nem mesmo necessariamente que aprovam, do ponto de vista metafísico, o dogma cristão, apenas que apoiam a Igreja, votam com ela em questões legislativas e desejam que seus filhos estejam sob os cuidados daqueles que aceitam seu ensino. Por esse motivo, a Igreja ainda é importante.

Entre os leigos de mentalidade liberal, encontra-se, não raramente, a opinião de que a Igreja deixou de ser um fator de peso na vida da comunidade. Isso, a meu ver, é um profundo equívoco. A lei do casamento e do divórcio, apesar de não estar de acordo com o que a maioria dos eclesiásticos deseja, mantém absurdos e crueldades – como a recusa do divórcio por insanidade – que, não fosse pela influência das Igrejas cristãs, não sobreviveriam uma semana. Os oponentes declarados do cristianismo têm vários tipos de desvantagens na competição contra aqueles que são mais piedosos ou mais discretos;

92

Educação e ordem social

na prática, muitas vagas não estão abertas para ateus declarados, que precisam ter mais capacidade que os ortodoxos para ser bem-sucedidos.

É na educação, mais do que em outra área, que a religião institucional é importante na atualidade. Na Inglaterra, todas as escolas públicas e quase todas as escolas preparatórias são anglicanas ou católicas romanas. Às vezes, os pais livres-pensadores que mandam seus filhos para tais escolas dizem que a maioria das pessoas reage contra sua educação e, portanto, não há problema em ensinar coisas falsas aos jovens para que, após a reação, possam acreditar no que é verdadeiro. Esse argumento é uma mera desculpa para o convencionalismo pusilânime, que se mostra estatisticamente falso após um momento de reflexão. A imensa maioria dos adultos carrega pela vida toda uma boa parte daquilo que lhes foi ensinado na juventude. Os países permanecem protestantes, católicos, maometanos ou o que valha por séculos; se a doutrina da reação fosse verdadeira, deveriam mudar de religião a cada geração. Os mesmos homens que usam esse argumento para que se ensine ortodoxia aos seus filhos mostram, por sua conduta, quão pequena foi a sua reação. Se em privado você acredita que dois mais dois são quatro, mas evita proclamar essa opinião e considera correto o dispêndio de dinheiro público para ensinar os nossos filhos e os filhos dos outros que dois mais dois são cinco, sua opinião efetiva, do ponto de vista social, é que dois mais dois são cinco, e sua convicção pessoal e privada em contrário perde a importância. Portanto, aqueles que não são religiosos, mas mesmo assim acreditam que uma educação religiosa seja desejável, não reagiram de forma efetiva contra a sua própria educação religiosa, por mais que afirmem o contrário.

Muitos daqueles que não aprovam intelectualmente os dogmas da religião sustentam que, mesmo assim, a religião é inofensiva e, talvez, até benéfica. Nesse ponto, estou de acordo com o ortodoxo, e não com os chamados pensadores "liberais": parece-me que as questões acerca da existência ou não de Deus e se há vida após a morte são importantes, e é conveniente pensar nelas da forma mais verdadeira possível. Não posso adotar a atitude do político, para quem, ainda que Deus não exista, é desejável que a maioria das pessoas acredite que existe, já que essa crença estimula a conduta virtuosa. No que concerne às crianças, muitos livres-pensadores adotam essa atitude: como se pode ensinar as crianças a serem boas, perguntam eles, sem ensinar religião a elas? Como se pode ensiná-las a ser boas, eu deveria responder, se você lhes mente de forma habitual e deliberada em um assunto da maior importância? E como pode qualquer conduta genuinamente desejável precisar de crenças falsas como estímulo? Se não há argumentos válidos favoráveis à conduta que você considera "boa", seu conceito de bondade deve estar errado. Além disso, é a autoridade dos pais, e não a religião, que influencia o comportamento das crianças. O principal papel da religião é lhes dar emoções não relacionadas muito estreitamente à ação e, em grande parte, não muito desejáveis. Não há dúvida de que, de forma indireta, essas emoções têm efeitos sobre o comportamento, embora não sejam, de modo algum, os efeitos que os educadores religiosos professam desejar. No entanto, esse é um assunto que retomarei mais adiante.

Os efeitos negativos da educação religiosa dependem, em parte, das doutrinas específicas que são ensinadas, em parte da insistência com que várias premissas duvidosas são

Educação e ordem social

reconhecidas como verdadeiras. Talvez seja impossível descobrir se essas premissas são, de fato, verdadeiras ou não. Porém, na tentativa de fazer que os jovens as considerem indiscutíveis, os professores religiosos ensinam algo falso, já que, verdadeiras ou não, as premissas em questão não são, de forma alguma, indiscutíveis. Tomemos como exemplo a pós-vida. Nessa questão, homens sábios confessam sua ignorância: os indícios são insuficientes, e a suspensão do juízo é a única atitude racional. Entretanto, a religião cristã se pronunciou favoravelmente à pós-vida, e os jovens criados sob a sua influência são ensinados a considerar a sobrevivência após a morte como algo indubitável. "O que importa isso?", o leitor pode dizer. "A crença é consoladora, e não pode causar mal nenhum." Devo responder que, com efeito, causa os males a seguir.

Primeiro: qualquer criança excepcionalmente inteligente que descubra pela reflexão que os argumentos favoráveis à imortalidade são inconclusivos será desestimulada pelos seus professores, e talvez até mesmo castigada, e qualquer outra criança que mostre alguma inclinação a pensar da mesma forma será desencorajada a conversar sobre esses temas e, se possível, impedida de ler livros que possam aumentar seu conhecimento e poder de raciocínio.

Segundo: já que a maioria das pessoas com inteligência muito acima da média hoje é aberta ou secretamente agnóstica, os professores de uma escola que insiste na religião devem ser burros ou hipócritas, a menos que façam parte daquela pequena classe de homens que, devido a algum problema, têm capacidade, mas não discernimento intelectual. Na prática, os homens que pretendem abraçar a profissão escolar começam, desde tenra idade, a fechar a mente contra pensamentos aventureiros; tornam-se pusilânimes e convencionais, primeiro na teologia e, em seguida, por uma transição natural, em tudo o mais; como a raposa que perdeu a cauda, dizem a seus alunos que é bom ser pusilânime e convencional; depois de fazer isso por um tempo suficiente, seu mérito é observado pelas autoridades e eles ascendem a posições de poder. Assim sendo, o tipo de homem que pode manter seu emprego como professor e ter uma carreira bem-sucedida é determinado, em grande medida, por testes teológicos ou de outras áreas que, explícita ou implicitamente, limitam a escolha de professores e excluem da docência a maioria das pessoas aptas a estimular os jovens tanto intelectual quanto moralmente.

Terceiro: é impossível instilar o espírito científico nos jovens enquanto premissas são consideradas sacrossantas e fechadas a questionamentos. Está na essência da atitude científica exigir provas de tudo em que se deve acreditar e segui-las, seja qual for o rumo que tomem. Quando existe um credo a ser mantido, é necessário rodeá-lo de emoções e tabus, afirmar em tons vibrantes, com um *páthos* viril, que contém "grandes" verdades e estabelecer critérios de verdade que não os da ciência, mais especificamente os sentimentos do coração e as certezas morais dos homens "bons". Nos grandes dias da religião, quando os homens acreditavam, como Tomás de Aquino, que a razão pura poderia demonstrar as premissas fundamentais da teologia cristã, o sentimento era desnecessário: a Suma de São Tomás é tão fria e racional quanto David Hume. Contudo, essa época já passou, e o teólogo moderno se permite usar palavras carregadas de emoção para causar em seu leitor um estado mental em que a pertinência lógica de um argumento não seja submetida a um escrutínio muito rigoroso. A intrusão da

Educação e ordem social

emoção e do sentimentalismo é sempre a marca de uma tênue argumentação. Imagine a aplicação dos métodos dos apologistas religiosos à premissa $2 + 2 = 4$. O resultado seria algo deste tipo: "Essa grande verdade é igualmente reconhecida pelo homem atarefado com os assuntos do seu escritório, pelos funcionários estatais envolvidos no cálculo da renda nacional, pelo funcionário da reserva de passagens em seu esforço para atender aos pedidos no chamado 'horário de pico', pela inocente criança que compra pirulitos para deleitar o seu pequeno irmãozinho e pelo humilde esquimó contando com os peixes que pescará nas gélidas praias do Oceano Ártico. Pode essa unanimidade ter sido produzida por algo que não seja o profundo reconhecimento humano de uma grande necessidade espiritual? Devemos dar ouvidos ao cético desdenhoso que nos roubaria o fulgurante legado da sabedoria que nos foi entregue em tempos de um contato mais estreito com o infinito do que na nossa era do jazz? Não! Mil vezes não!". Mas pode-se duvidar se os meninos aprenderiam melhor a Aritmética dessa forma do que pelos métodos em voga na atualidade.

Pelos motivos expostos, qualquer credo, não importa qual seja, pode ser danoso à educação quando considerado não sujeito ao escrutínio intelectual ao qual as nossas crenças mais científicas são submetidas. Há, no entanto, várias objeções especiais ao tipo de instrução religiosa à qual, em países cristãos, uma grande porcentagem das crianças é exposta.

Em primeiro lugar, a religião é uma força conservadora e preserva muito daquilo que era negativo no passado. Os romanos ofereciam sacrifícios humanos até a segunda Guerra Púnica, mas, não fosse pela religião, eles não teriam feito nada tão bárbaro. Da mesma forma, em nossos dias, os homens fazem coisas por motivos religiosos que, se não fosse por isso, pareceriam intoleravelmente cruéis. A Igreja Católica Romana ainda acredita no inferno. A Igreja Anglicana, em decorrência de uma decisão dos membros leigos do conselho privado que teve a oposição dos arcebispos da Cantuária e de York, não considera o inferno como *de fide*; não obstante, a maioria do clero anglicano ainda acredita no inferno. Todos aqueles que acreditam no inferno têm de considerar o castigo vingativo como permissível e, portanto, possuem uma justificativa teórica para métodos cruéis na educação e no tratamento de criminosos. A imensa maioria dos ministros da religião apoia a guerra sempre que ela ocorre,[1] embora em tempos de paz costume ser pacifista; ao apoiar a guerra, expressa enfaticamente a convicção de que Deus está do seu lado e presta apoio religioso à perseguição de homens que consideram insensato o massacre por atacado. Enquanto houve escravidão, encontravam-se argumentos religiosos em seu apoio; na atualidade, há argumentos semelhantes em apoio à exploração capitalista. Quase todas as crueldades e injustiças tradicionais tiveram o apoio da religião organizada até que o senso moral da comunidade leiga forçasse uma mudança de rumo.

Em segundo lugar, a religião cristã oferece confortos para os que a aceitam. É doloroso ter de abrir mão deles quando a crença fraqueja. A crença em Deus e na pós-vida possibilita passar por esta vida com menos coragem estoica do que a coragem necessária aos céticos. Muitos jovens perdem a fé nesses dogmas em uma idade em que o desespero é fácil e, portanto,

---

1 Sobre esse assunto, consulte as citações em Joad, *Under the Fifth Rib*, p.69 e seguintes.

Educação e ordem social

têm de enfrentar uma infelicidade bem mais intensa do que aquela que sobrevém aos que não tiveram uma criação religiosa. O cristianismo oferece motivos para não temer a morte nem o universo e, ao fazer isso, deixa de ensinar de maneira adequada a virtude da coragem. Já que a ânsia pela fé religiosa é, em grande parte, um resultado do medo, os defensores da fé tendem a pensar que certos tipos de medo não devem ser vistos como algo negativo. Nisso, a meu ver, estão gravemente enganados. Permitir-se ter crenças agradáveis como meio de evitar o medo não é viver do melhor modo. A religião, na medida em que apela ao medo, rebaixa a dignidade humana.

Em terceiro lugar, quando a religião é levada a sério, envolve considerar este mundo como algo sem importância em comparação com o mundo futuro, levando à defesa de práticas que geram um saldo de infelicidade aqui embaixo, com a justificativa de que isso conduzirá à felicidade no céu. As questões sexuais, que abordarei no próximo capítulo, são a principal ilustração desse ponto de vista. Entretanto, naqueles que aceitam de forma genuína e profunda o ensino cristão existe, indubitavelmente, uma tendência a minimizar males como a pobreza e a doença, com a justificativa de que pertencem somente a esta vida terrena. Essa doutrina é muito conveniente para os interesses dos ricos e talvez seja um dos motivos pelos quais os maiores plutocratas são profundamente religiosos. Se existe uma pós-vida e o paraíso é a recompensa pelo sofrimento aqui embaixo, é correto obstruir qualquer melhora das condições terrenas e devemos admirar a abnegação dos capitães de indústria que permitem que outros monopolizem a rentável e breve tristeza na terra. Porém, se a crença no além-túmulo é um engano, teremos trocado a substância pela sombra e seremos tão infortunados quanto aqueles que investem as economias de uma vida em empresas que vão à falência.

Em quarto lugar, o efeito do ensino religioso sobre a moralidade é nocivo sob vários aspectos. Tende a minar a confiança em si mesmo, principalmente quando associado ao confessional; ao ensinar o jovem a se apoiar na autoridade, torna-o com frequência incapaz da autodireção. Conheço homens que foram educados como católicos romanos e, quando perderam a fé, comportaram-se de uma forma que deve ser considerada lamentável. Alguns diriam que tais homens mostram a utilidade moral da religião, mas devo dizer o contrário, já que a fraqueza de vontade que demonstram é resultado direto de sua educação. Além disso, quando a religião é apresentada como única base de moralidade, é provável que o homem que deixa de acreditar na religião também deixe de acreditar na moralidade. O herói de Samuel Butler em *The Way of all Flesh* estuprou a empregada assim que deixou de ser cristão. Há vários bons motivos para não estuprar empregadas, mas não se ensinou nenhum deles ao jovem em questão; foi-lhe ensinado apenas que tais atos desagradam a Deus. Considerando o fato de que, em nossos dias, a perda da fé é um acontecimento muito provável, é imprudente basear toda a moralidade, até mesmo o mínimo indispensável, em um alicerce com tão grande possibilidade de desabar.

Outro aspecto moralmente indesejável da educação religiosa é a subestimação das virtudes intelectuais. A imparcialidade intelectual, qualidade importantíssima, é considerada certamente nociva; às tentativas persistentes de entender questões difíceis, ela oferece, na melhor das hipóteses, tolerância. Os indivíduos admirados na atualidade raramente são de uma inteligência privilegiada; quando o são, a admiração ocorre em

Educação e ordem social

virtude de alguma insanidade que manifestaram em um momento de tolice. Devido à identificação da religião com a virtude, aliada ao fato de que os homens mais religiosos não são os mais inteligentes, uma educação religiosa dá ao burro a coragem para resistir à autoridade do homem educado, como ocorre, por exemplo, nos lugares em que o ensino da evolução é considerado ilegal. Pelo que me lembro, não há nos Evangelhos uma palavra sequer de louvor à inteligência; além disso, nesse aspecto, os ministros da religião seguem a autoridade evangélica mais estritamente do que outros. Isso deve ser considerado como grave defeito da ética ensinada em estabelecimentos educacionais cristãos.

O defeito fundamental da ética cristã consiste no fato de rotular certas classes de atos como "pecados" e outras como "virtudes", baseando-se em algo que não tem nada a ver com as suas consequências sociais. Uma ética que não deriva da superstição precisa decidir, em primeiro lugar, quais tipos de efeitos sociais pretende produzir e quais tipos deseja evitar. Em seguida, tem de decidir, tanto quanto o nosso conhecimento permita, quais atos promoverão as consequências desejadas; esses atos serão louvados, ao passo que aqueles que tiverem a tendência contrária, condenados. A ética primitiva não age dessa forma. Seleciona certos modos de comportamento para censura por motivos que se perdem na obscuridade antropológica. Em geral, entre as nações bem-sucedidas, os atos condenados tendem a ser prejudiciais, e os louvados, a ser benéficos, mas isso nunca ocorre em todos os detalhes. Há aqueles que sustentam que, originalmente, os animais foram domesticados por motivos religiosos – não pela utilidade, mas as tribos que tentaram domesticar o crocodilo ou o leão foram extintas, enquanto aquelas que escolheram ovelhas e vacas prosperaram. De forma análoga, em locais em que tribos com códigos éticos diferentes entraram em conflito, poderia haver a expectativa de que aquelas cujo código fosse menos absurdo saíssem vitoriosas. No entanto, nenhum código de origem supersticiosa pode deixar de conter absurdos. Tais absurdos são encontrados no código cristão – ainda que haja menos deles agora do que antigamente. A proibição do trabalho aos domingos pode ser defendida pela racionalidade, mas a proibição de brincadeiras e diversões não pode. A proibição do roubo é, de modo geral, sensata, exceto quando se aplica – como ocorreu nas igrejas da Alemanha no pós-guerra – para impedir a apropriação pública da propriedade de príncipes exilados. A origem supersticiosa da ética cristã fica mais evidente na questão sexual; porém, esse assunto é tão vasto que exige um capítulo à parte.

9.
Sexo na educação

Não raramente, as opiniões defendidas por adultos civilizados na questão da moral sexual não diferem muito das opiniões que eles desejam que sejam ensinadas aos seus filhos. Existe também um código moral tradicional que ainda é aceito com toda a sinceridade por uma parte da população, mas que outros aceitam apenas nominalmente, por uma questão de respeitabilidade. Em geral, as pessoas de opiniões tradicionais em questões sexuais têm muito mais confiança para proclamar e pregar suas doutrinas do que aquelas que consideram o código tradicional como algo duvidoso. Aquelas que estão preparadas – no seu comportamento privado e na sua opinião sobre o comportamento privado de seus amigos – para ser latitudinárias raramente deixam claro qual é a sua ética e, menos ainda, se estão dispostas a expressar em público qualquer discordância em relação ao código convencional. Além disso, tendem a pensar que a força da paixão sexual decerto levará homens e mulheres a cometer atos contrários a qualquer código que possam adotar e, portanto, o grau correto de liberdade em ação será, muito provavelmente, garantido quando a teoria for mais rigorosa do que a estrita consideração pela verdade seria. Uma pessoa que pensa que o sexo fora do casamento não é justificável em hipótese alguma pode, sob a tensão de um amor profundo, vir a sentir que, nesse caso específico, as circunstâncias são tão peculiares que permitem o relaxamento do código. A pessoa que pensa que um grande amor justifica relações fora do casamento tenderá a supor que toda paixão efêmera é um grande amor. O homem que crê que até mesmo as paixões passageiras são legítimas, contanto que sejam mútuas e não mercenárias, pode se sentir tentado a esquecer a mutualidade e introduzir sorrateiramente o mercenarismo. Dessa forma, a maioria das pessoas costuma ter maior liberdade na ação do que na teoria. Portanto, ao defender qualquer tipo de liberdade sexual, sempre é necessário recordar que a liberdade que será tomada provavelmente excederá aquela que é defendida.

Seja qual for a visão adotada como moral sexual correta para adultos, há várias questões concernentes à educação sexual de crianças que podem ter como base o senso comum e a psicologia, sem levantar questões fundamentais. Costuma-se deixar a educação nas mãos de pessoas excepcionalmente ignorantes, preconceituosas e de mente fechada. De modo geral, os filhos dos ricos, em seus primeiros anos, são deixados nas mãos de babás que costumam ser celibatárias e, quase sempre, cheias de pudores. Quando, mais tarde, ficam sob os cuidados de mulheres mais educadas, estas também são, via de regra, celibatárias. Além disso, espera-se delas um caráter moral impecável. Normalmente, isso significa que são pusilânimes e sentimentais e têm medo da realidade. Significa também que suas opiniões acerca do sexo são veementes, porém mal sustentadas. Espera-se que os professores, ainda que não sejam necessariamente

Educação e ordem social

celibatários, tenham um tom moral elevado, a saber, que decidam questões práticas baseando-se no preconceito tradicional e não na psicologia científica. A maioria deles pensaria que a psicologia do sexo infantil é um assunto vil, sobre o qual é bom ser ignorante. Permanecem em uma condição de bem-aventurada inconsciência das consequências de sua ignorância.

Ao chegar aos 2 anos de idade, a maioria das crianças já foi ensinada a ser supersticiosa em relação aos seus órgãos sexuais, como se fossem algo misterioso e assombroso, a ser tratado de modo muito especial. São ensinadas a se referir às suas necessidades naturais em sussurros ou por eufemismos e, caso sejam flagradas tocando as partes de sua anatomia que as babás consideram intangíveis, levam grandes reprimendas. Conheço homens e mulheres que foram flagrados nesse ato por suas mães, as quais lhes disseram que melhor seria vê-los mortos. (Isso não é nada raro.) Lamento dizer que essas pessoas não se tornaram padrões de virtude convencional. A masturbação entre crianças muito pequenas é quase universal e, geralmente, motivo de terríveis ameaças. Na Alemanha, segundo Freud, diz-se aos meninos que uma cegonha virá para mutilá-los. Se, por acaso, virem uma menina nua, é provável que pensem que foi isso o que lhes aconteceu. Fatos desse tipo são muito conhecidos por leitores da literatura psicanalítica, mas essa leitura é ilegal para aqueles que provavelmente causarão dano devido ao fato de não tê-la lido. Com frequência, distúrbios nervosos na vida posterior são decorrentes de ameaças ligadas à consequência da masturbação, que apavoram as crianças. Durante toda a vida escolar, os meninos estão propensos a ouvir de seus professores que a masturbação desemboca na loucura. A verdade é que as ameaças relacionadas aos males da masturbação não raramente levam à loucura, mas a masturbação em si, contanto que seja ignorada por completo pelos adultos, causa pouquíssimos danos, sobretudo em bebês.

O sigilo em relação ao método pelo qual as crianças vêm ao mundo tem muitos efeitos nocivos. Em primeiro lugar, envolve a crença de que alguns conhecimentos são ruins – e, principalmente, que conhecimentos interessantes são ruins. Um dos fundamentos de qualquer ética sensata deve ser que todo conhecimento é bom e não se pode admitir nenhuma exceção a isso, seja qual for. A criança que constata que a sua curiosidade natural em certos aspectos é malvista e causa reprimendas aprende a supor que o conhecimento é bom quando desinteressante, mas ruim quando é interessante. Dessa forma, a curiosidade científica se torna oposta à virtude, e os esforços da criança para ser boa se transformam em esforços para ser burra – e, infelizmente, muitas vezes são bem-sucedidos. Para as meninas, é muito nocivo ser mantidas na ignorância quanto aos fatos da gestação. As meninas tendem a se sentir inferiores aos meninos e a desejar ser eles. Enquanto elas não são informadas a respeito da gestação, os homens aparentam ser melhores do que as mulheres em quase tudo. Vi meninas adquirirem um novo respeito por seu sexo e um novo contentamento por serem meninas assim que passaram a saber do papel das mulheres na criação de crianças. Entretanto, caso se conte às crianças qual é o papel da mãe sem lhes revelar qual é o papel do pai, ocorre, em relação aos meninos, uma injustiça análoga àquela que o silêncio total causa às meninas. Além disso, crianças que gostam dos pais ficam felizes em saber que têm uma conexão física com eles, assim como têm com as mães. Para o respeito próprio dos meninos, saber qual é o papel do

Educação e ordem social

pai na procriação é tão importante quanto a consciência sobre o papel da mãe na gestação, no caso das meninas.

Outro efeito nocivo da política do silêncio acerca dos fatos do sexo é mostrar às crianças que seus pais lhes mentem. As crianças em geral descobrem a verdade muito antes do que os pais imaginam e, depois de descobri-la, não raramente continuam a fazer perguntas aos pais e a registrar as respostas inverídicas com certo ceticismo juvenil. Ainda que os moralistas discordem, mentir para crianças é uma prática indesejável — uma ética que exija isso não pode ser sensata.

É importante que as informações sobre assuntos sexuais sejam fornecidas exatamente no mesmo tom de voz e da mesma forma que as informações sobre outros assuntos. Além disso, devem ser passadas de forma igualmente direta. Há uma escola de pensamento segundo a qual as crianças devem ser informadas primeiramente sobre os amores das flores; em seguida, sobre as inocentes brincadeiras das lagostas e, somente após um longo prefácio biológico, sobre o comportamento de seus próprios pais — que, a essa altura, pensarão precisar de explicações muito elaboradas. Somente os adultos inibidos acreditam que esse longo prefácio é necessário. Para a criança, caso não tenha sido corrompida pelos excessivos pudores dos mais velhos, o sexo é um assunto perfeitamente natural, como qualquer outro. Se os pais não são capazes de falar naturalmente sobre esse assunto, precisam tomar providências para que alguém menos tolhido pelas convenções e pela inibição converse com seus filhos. Antes da puberdade, não há dificuldade nenhuma de manter a naturalidade da criança em relação ao sexo e em fazer com que ela o considere um assunto como qualquer outro. Esse é o ideal a se buscar durante toda a vida, mas, após a puberdade, é mais difícil atingi-lo. Mas a dificuldade, mesmo após a adolescência, será muito menor quando as crianças tiverem sido criadas de forma sã do que quando suas mentes foram povoadas de terrores irracionais e tabus.

Os problemas que surgem em meninos e meninas mais velhos são difíceis de tratar, a não ser com uma ética sexual positiva. A visão costumeira é que se deve buscar a continência total e que essa prática não pode causar mal nenhum. Na Inglaterra, impede-se qualquer experiência heterossexual por meio da segregação dos sexos, excetuando-se o caso de alguns jovens extraordinariamente empreendedores. Por consequência, os mais empreendedores têm tendência à homossexualidade e os mais tímidos, à masturbação. Diz-se aos meninos, e muitos deles acreditam, que essas práticas são ímpias e nocivas. Eles têm de ser furtivos, pois, caso sejam descobertos, são castigados com severidade. Claro que a descoberta é, em grande parte, acidental; portanto, o castigo sobrevém de forma injusta e sujeita a caprichos. Contudo, o medo do castigo e a prática do sigilo provocam necessariamente um efeito negativo sobre os que permanecem sem ser detectados. Nas escolas públicas, há a tendência de sacrificar a inteligência a fim de manter os meninos tão ocupados e fisicamente cansados que não terão nem tempo livre nem inclinação para o sexo. Assim sendo, o sistema existente traz as seguintes desvantagens: primeiramente, semeia terrores supersticiosos na mente dos meninos; em segundo lugar, faz que uma grande porcentagem se torne pusilânime e hipócrita; em terceiro, torna o pensamento e o sentimento quanto a assuntos sexuais obscenos e dissimulados; em quarto lugar, confere aparente pecaminosidade à curiosidade científica, enfraquecendo-a ou tornando-a mórbida;

Educação e ordem social

e, por fim, leva ao desestímulo do ócio e, portanto, do crescimento intelectual.

Apesar desses males do sistema atual, não é fácil, a não ser que haja uma mudança completa em todo o código moral, imaginar qualquer sistema isento de graves objeções. Para a maioria dos homens da comunidade moderna, decorre um número considerável de anos entre a puberdade e o casamento. Mesmo supondo que seja desejável que eles passem esses anos em total continência, é certo que a maioria não fará isso. Contudo, enquanto persistir o código moral atual, será difícil infringi-lo sem sofrer danos. Procurar prostitutas é uma opção ruim, primeiramente pelo perigo de doenças; também porque a prostituição é uma profissão indesejável, o que faz que as prostitutas sejam malvistas; em terceiro lugar, porque, se as primeiras experiências sexuais de um homem forem mercenárias e desprovidas de sentimento, provavelmente quando se casar verá sua esposa como prostituta ou santa, e nenhuma das alternativas costuma levar à felicidade. A masturbação após a puberdade, apesar de não ser tão nociva quanto fingem os moralistas convencionais, é uma prática que indubitavelmente traz alguns males graves. Tende a tornar o homem centrado em si mesmo e hesitante; além disso, às vezes o torna incapaz de ter relações sexuais normais. É possível que as relações homossexuais com outros meninos não sejam tão nocivas, caso toleradas, mas, mesmo assim, há o risco de que interfiram no crescimento da vida sexual normal posterior. Se os sexos não forem segregados, provavelmente haverá intensa atividade sexual entre meninos e meninas, que não só interferirão gravemente na educação, como também causarão gravidezes em uma idade em que são indesejáveis. Não acredito que, no estado atual da sociedade e da opinião pública, exista alguma solução para esse problema. Talvez chegue o tempo em que os distúrbios psicológicos causados na adolescência pelo nosso código atual serão levados tão a sério que se permitirá aos meninos e meninas o tipo de liberdade que atualmente existe em Samoa e em várias outras ilhas do Pacífico. Se algum dia essa prática for adotada, será necessário orientar quanto à anticoncepção e interromper gestações sem demora se, apesar disso, elas acontecerem. Não posso dizer que essa possibilidade me agrada, e talvez se constate que a continência nos anos da adolescência não imporia um fardo intolerável se houvesse a perspectiva de que a sua necessidade cessasse em torno dos 20 anos de idade. Isso poderia ser garantido pelo sistema de união de fato, do juiz Lindsey. Tenho certeza de que a vida universitária seria melhor, tanto intelectual quanto moralmente, se a maioria dos alunos tivesse casamentos temporários sem filhos. Isso proporcionaria uma solução para o desejo sexual que não é nem agitada nem dissimulada, nem mercenária nem casual, e de tal natureza que não tomaria o tempo que deveria ser dedicado ao trabalho.

Antes da puberdade, a questão do sexo na educação pode ser tratada como um assunto de higiene mental, sem a necessidade de formar um juízo muito definitivo a respeito da ética sexual. Mas é difícil decidir como se deve tratar o sexo nos últimos anos escolares e na universidade, a não ser que tenhamos opiniões razoavelmente claras quanto ao que consideramos desejável ou indesejável no comportamento sexual. A ética sexual da maioria das pessoas na atualidade é um emaranhado confuso derivado de três origens principais: a primeira, a insistência na virtude das esposas, necessária para a instituição da família patriarcal; a segunda, a doutrina cristã de que todo sexo

Educação e ordem social

fora do casamento é pecado; e, a terceira, a doutrina totalmente nova da igualdade das mulheres. O mais antigo desses três elementos é derivado da família patriarcal. Nos dias atuais, pode ser observado no Japão, sem os outros dois elementos. Os japoneses são livres de todos os tabus sexuais, e sua moralidade sexual contém poucos aspectos supersticiosos. Não há fingimento de igualdade entre os sexos, e as mulheres são mantidas em estrita subordinação aos homens. A família patriarcal está firmemente consolidada e é imposta pela sujeição das esposas, não pelo ensino moral abstrato. Permitem-se às crianças pequenas o conhecimento sexual, a conversa de caráter sexual e brincadeiras sexuais, a ponto de causarem espanto a um europeu. A moralidade da vida adulta se aplica apenas às mulheres e lhes é imposta implacavelmente pelo poder superior dos homens. Trata-se de um sistema antigo que era quase universal em civilizações pré-cristãs.

O cristianismo em seus primórdios introduziu a crença na existência de algo inerentemente impuro no sexo, de modo que só pode ser justificado pela necessidade de propagação da raça humana e, mesmo quando confinado ao casamento, quase não chega a ser tão honrado quanto a continência. Não quero dizer que esse sentimento não existia antes da ascensão do cristianismo: há algum elemento na natureza humana que torna os homens propensos a sentimentos antissexuais. Foi a esses elementos já existentes que o cristianismo apelou. Os judeus tinham fortes tabus sexuais, mas nenhum sentimento de impureza no sexo em si, embora vestígios da ascensão desse sentimento sejam encontrados nos Apócrifos. A ética cristã, pela primeira vez na história, era teoricamente igual entre homens e mulheres, embora na prática houvesse mais leniência com a falta de virtude masculina do que com a feminina. Assim, a prática cristã se tornou não muito diferente da prática das civilizações patriarcais pré-cristãs, embora permanecesse uma grande diferença psicológica no fato de que as liberdades sexuais dos homens eram consideradas pecados.

Com o surgimento da doutrina da igualdade entre os sexos, esse sistema ruiu. Ou os homens precisam se tornar tão virtuosos quanto as mulheres, como esperavam as pioneiras do feminismo, ou se deve permitir que as mulheres sejam tão pouco virtuosas quanto os homens, como as feministas da nossa geração tendem a exigir. No entanto, se não se exige virtude das mulheres, é difícil imaginar a possibilidade de manutenção da família patriarcal, e o seu abandono envolveria mudanças profundas na estrutura social. Portanto, há uma confusão. A ética cristã sempre foi severa demais para a natureza humana masculina; se as mulheres forem tão livres quanto os homens, também considerarão a ética cristã intoleravelmente severa. A família é uma instituição arraigada muito profundamente, e os homens não assistirão de bom grado à sua transformação. Nesse caos, parece haver apenas uma questão clara, a saber, o lugar do pai deve ser tomado pelo Estado – um sistema facilmente possível sob o comunismo, mas não tão fácil de adaptar às instituições da propriedade privada e da herança. Assim sendo, a questão da propriedade privada está inter-relacionada à questão da moral sexual. Não é possível esperar que um homem trabalhe para sustentar filhos que podem não ser seus e, portanto, o sistema da propriedade privada, combinado com a família patriarcal, envolve um certo grau de virtude das esposas. Exigir virtude das esposas, mas não dos maridos, é contrário à doutrina da igualdade sexual;

Educação e ordem social

além disso, é difícil conceber como garantir a virtude sem tirania ou tabu. Tenho poucas dúvidas de que a solução será encontrada na grande diminuição da importância do pai e na tendência cada vez mais forte de que as crianças sejam sustentadas pelo Estado, e não por seus pais. Não estou nada certo de que isso será algo positivo. O sentimento de paternidade e o dos filhos em relação aos pais são elementos profundamente importantes na história da civilização, e eu não professo saber como será a civilização sem eles. Contudo, para o bem ou para o mal, a importância do Estado em relação às crianças parece estar fadada a aumentar, ao passo que a importância paterna diminuirá proporcionalmente.

Os envolvidos na educação dos jovens se recusam a se dar conta de todos esses problemas e confusões modernos. Sustentam que a rígida ética cristã, ainda que não possa ser imposta aos adultos, pode e deve reger a atitude daqueles que cuidam dos jovens. A atitude moral das escolas e das universidades britânicas continua muito mais rígida que a do mundo em geral. Em decorrência disso, a educação se distancia cada vez mais da sociedade para a qual deveria preparar os jovens. Enquanto a opinião pública e as instituições sociais permanecerem como estão, não creio que seja possível uma solução clara, em razão da incompatibilidade decisiva entre a igualdade sexual e a família patriarcal. Mas, apesar dessa incompatibilidade, é possível decidir muitas coisas com base em princípios éticos gerais e na recusa em tratar o sexo de forma supersticiosa.

Não contar mentiras edificantes deveria ser um princípio absoluto em todo trato com os jovens. O fato de que todos os assuntos estão abertos ao debate racional e à consideração de forma científica tem de ser um princípio absoluto. Se a base da moral deve ser a preservação da família patriarcal, é difícil conceber como deduzir, a partir dessa base, a pecaminosidade das práticas sexuais que não podem levar à geração de filhos; mesmo assim, essas práticas, mais do que quaisquer outras, são vistas com horror, não somente pela ética cristã, mas também pelo Direito Penal. Também se deve perceber que, até quando um certo tipo de conduta seja desejável em si mesmo, impô-lo por meio de uma disciplina muito rígida ou pela criação de terrores mórbidos pode não ser desejável. Esses princípios abarcam uma parte considerável da educação moral dos jovens. Quanto ao restante, acredito que devemos aguardar até que a nossa sociedade caótica e em rápida transformação se torne mais estável.

Em todo trato com os jovens, é importante evitar que adquiram a noção de que o sexo é algo inerentemente vil e furtivo. É um assunto interessante; natural que seres humanos pensem nisso e falem disso. Na atualidade, esse desejo totalmente natural nos jovens é tratado pelas autoridades como algo ímpio e, em decorrência disso, eles têm pelo assunto um interesse maior do que aquele que seria natural e falam dele continuamente, com todo o prazer do fruto proibido. Sua conversa é necessariamente ignorante e tola, pois ficam à mercê de suas próprias suposições e de seu conhecimento incompleto. Para a maioria dos meninos, todo assunto relativo a sexo se torna objeto de risos abafados e histórias obscenas. Toda a ideia de sexo como uma questão de prazer natural — que ocasionalmente ascende à poesia, ora leve e alegre, ora passional e dotada de trágica profundidade — fica fora do alcance dos moralistas pedagógicos, para quem o sexo é ímpio quando combinado com o prazer, e virtuoso somente quando se mostra insípido e

Educação e ordem social

rotineiro. Poesia, prazer e beleza são alijados da vida por essa moralidade da feiura, e algo severo e rígido permeia todos os relacionamentos humanos. Desse ponto de vista decorrem os pudores excessivos, a mesquinhez e a morte da imaginação. É possível que uma perspectiva mais livre também tenha seus perigos. Entretanto, são os perigos da vida, não da morte.

10.
Patriotismo na educação

Todo homem tem vários propósitos e desejos, alguns puramente pessoais, outros do tipo que pode compartilhar com diversos homens. A maioria deles deseja dinheiro, por exemplo, e grande parte das formas de enriquecer envolve a cooperação com algum grupo. O grupo envolvido depende da forma específica de enriquecimento. Na maioria dos propósitos, duas empresas diferentes do mesmo ramo são rivais, mas cooperam para o propósito de uma tarifa de proteção. Evidentemente, o dinheiro não é o único motivo pelo qual as pessoas formam grupos de cunho político. Elas se organizam em igrejas, irmandades, sociedades eruditas, franco-maçonarias e tudo o mais. São vários os motivos que levam os homens a cooperar: a identidade de interesse é um; a identidade de opinião, outro, e laços de sangue, um terceiro. A família Rothschild cooperou devido a laços de sangue. Não precisaram de autos constitutivos de empresas, pois podiam confiar uns nos outros, e boa parte do seu sucesso se deveu ao fato de haver um Rothschild em cada centro financeiro importante da Europa. No trabalho filantrópico dos quacres após a guerra, observa-se uma forma de cooperação baseada na identidade de opiniões. Foram capazes de trabalhar em conjunto com facilidade por causa da semelhança de perspectiva. Os laços de interesse próprio são a base de organizações como sociedades anônimas e sindicatos.

Coletivamente, um grupo de homens organizados para um propósito têm em comum apenas o propósito específico para o qual a organização existe. Assim, sua mentalidade é mais simples e crua do que a de qualquer indivíduo. A Sociedade de Pesquisa Psíquica, digamos, ocupa-se apenas da pesquisa psíquica, embora cada um de seus membros cuide de várias outras coisas. A Federação de Indústrias Britânicas ocupa-se apenas das indústrias britânicas, embora seus membros individuais talvez apreciem ir ao teatro ou assistir a uma partida de críquete. A família como um todo se dedica apenas aos destinos da família e frequentemente está disposta a sacrificar membros individuais para esse fim.

As paixões politicamente organizadas são muito mais poderosas do que as que permanecem desorganizadas. As pessoas que desejam ir ao cinema aos domingos são uma massa totalmente desorganizada e, em termos políticos, têm pouca importância. Os sabatistas que desejam que essas pessoas não façam isso são organizados e têm influência política. Os proprietários de cinemas também são organizados. Do ponto de vista político, portanto, a questão da abertura dos cinemas aos domingos é um conflito entre os proprietários de cinemas e os sabatistas, para quem os desejos do público em geral não contam.

Um determinado homem pode integrar várias organizações, algumas úteis, algumas nocivas e outras meramente inocentes. Ele faz parte, digamos, dos fascistas britânicos, do clube de futebol da sua aldeia e de uma sociedade de pesquisa

Educação e ordem social

antropológica. No terceiro caso, merece elogios; no segundo, é inocente e, no primeiro, abominável. Ele em si é uma mistura de bem e mal, mas as organizações têm um caráter ético, sem mistura para essa dicotomia, que não é encontrado em seus membros. O que determina se a organização é boa ou má é o propósito para o qual os homens se organizam, não o caráter dos homens que a compõem.

Essas observações um pouco banais se destinam a levar aos resultados insólitos que fluem da organização de homens para os Estados. Em quase todos os países civilizados, o Estado é a mais poderosa das organizações da qual o homem faz parte, de modo que os seus propósitos *qua* membro de um Estado são muito mais eficazes politicamente do que qualquer outro. Dessa forma, torna-se importante considerar quais são os propósitos do Estado moderno.

As funções do Estado são, em parte, internas e, em parte, externas. Para esse propósito, incluo o governo local entre as funções de um Estado. Pode-se dizer, em linhas gerais, que os propósitos internos do Estado são bons, ao passo que os externos são maus. É claro que essa afirmação é simplista demais para ser literalmente verdadeira, mas representa uma primeira abordagem útil. Os propósitos internos do Estado englobam questões como estradas, iluminação, educação, polícia, lei, correio etc. Pode-se discordar de um ou outro detalhe da administração, mas somente um anarquista sustenta que tais propósitos são, em si, indesejáveis. Portanto, no que concerne às suas atividades internas, o Estado como um todo merece a lealdade e o apoio de seus cidadãos.

Em relação aos seus propósitos externos, a questão é diferente. Quanto ao resto do mundo, são dois os propósitos de um grande Estado: a defesa contra a agressão e o apoio aos seus cidadãos na exploração estrangeira. Pode-se permitir que a defesa contra a agressão, contanto que seja genuína e necessária para impedir a invasão, seja *prima facie* útil. Entretanto, a dificuldade é que os mesmíssimos meios necessários para impedir a invasão também são convenientes para a exploração estrangeira. Os maiores Estados do mundo buscam cobrar um tributo econômico do trabalho e da riqueza mineral dos países menos poderosos e empregam, para garantir esse tributo, as Forças Armadas, cujo propósito nominal é defensivo. Quando, por exemplo, se constatou que o Transvaal tinha ouro, os britânicos o invadiram. Lorde Salisbury assegurou à nação que "não buscamos campos auríferos". No entanto, de alguma forma, acabamos indo aos locais onde estavam os campos auríferos e tomamos posse deles ao final da guerra. Para dar outra ilustração: todos sabem que os britânicos foram ao sul da Pérsia movidos pelo desejo de beneficiar os seus habitantes, mas é de se duvidar que teríamos nos interessado tanto por seu bem-estar caso eles não vivessem em um país cheio de petróleo. É possível fazer afirmações semelhantes sobre algumas ações dos Estados Unidos na América Central. Da mesma forma, as motivações que levaram o Japão à Manchúria são, evidentemente, as mais nobres possíveis; mas, por algum curioso acidente, essas motivações coincidem com os interesses dos japoneses.

Não é exagero dizer que a maior parte das atividades externas dos Estados poderosos na atualidade consiste em empregar as Forças Armadas (ou ameaçar fazer isso) para tirar dos menos poderosos a riqueza que legalmente lhes pertence. Atividades desse tipo que fossem realizadas por indivíduos privados seriam consideradas criminosas e punidas pela lei, a menos

Educação e ordem social

que sejam em escala muito grande. Contudo, se realizadas por nações, são consideradas admiráveis pelos cidadãos das nações envolvidas.

Isso me leva, por fim, ao assunto do presente capítulo, a saber, o ensino do patriotismo nas escolas. Para avaliar esse ensino, é necessário compreender com clareza não só suas intenções, mas também seus reais efeitos. O patriotismo – em intenção e no pensamento daqueles que o defendem – é algo, em grandíssima medida, bom. Não há que se desaprovar o amor ao lar, ao país em que se nasce, nem mesmo um certo grau de orgulho de suas realizações históricas, contanto que sejam dignas de orgulho. É um sentimento complexo, relacionado, em parte, ao amor real pelo território e pelos arredores familiares e, em parte, a algo análogo a uma extensão do amor à família. A raiz do sentimento é, em parte, geográfica e, em parte, biológica. Mas esse sentimento primitivo não é, em si mesmo, nem político nem econômico. É um sentimento que se nutre pelo próprio país, não contra os outros países. Em sua forma primitiva, ocorre raramente, a não ser entre aqueles que moram em zonas rurais e não viajam muito. O habitante da cidade, que muda com frequência de habitação e não possui um pedaço de terra que seja seu, nutre muito menos do sentimento primitivo do qual floresce o patriotismo se comparado com o proprietário de terra ou o camponês da zona rural. Em vez disso, o habitante da cidade acalenta um sentimento em boa medida artificial, produto, em grande parte, de sua educação e dos jornais, e que é nocivo quase em sua totalidade. Esse sentimento é mais ódio aos estrangeiros e desejo de se apropriar de outros países do que amor ao lar e aos seus compatriotas. Assim como quase qualquer outro sentimento, este se disfarça de lealdade.

Se você deseja que um homem cometa algum crime abominável, que naturalmente o deixaria horrorizado, primeiro você lhe ensina a lealdade a uma gangue de criminosos e, em seguida, faz que esse crime lhe pareça o exemplo da virtude da lealdade. O patriotismo é o exemplo mais perfeito desse processo. Tome como exemplo a reverência à bandeira. A bandeira é o símbolo da nação em seu aspecto marcial. Sugere batalha, guerra, conquista e feitos heroicos. Para um britânico, a bandeira britânica sugere Nelson e Trafalgar, não Shakespeare, Newton ou Darwin. As realizações dos ingleses para o avanço da civilização da humanidade não foram feitas sob o símbolo da bandeira e não vêm à mente quando esse símbolo é venerado. Os melhores feitos de ingleses foram realizados por eles na qualidade de indivíduos, não de ingleses. Os atos que os ingleses realizam com a consciência de que são ingleses e em razão de serem ingleses são de caráter menos admirável. Entretanto, a bandeira nos chama a admirar esses atos. E o que vale para a bandeira britânica vale igualmente para as Estrelas e Listras e para a bandeira de qualquer nação poderosa.

Em todo o mundo ocidental, ensina-se a meninos e meninas que a sua lealdade social mais importante é ao Estado do qual são cidadãos e que seu dever para com o Estado é agir conforme a orientação do governo. Para que não questionem essa doutrina, ensina-se a eles uma falsa História, falsa Política e falsa Economia. Eles são informados das maldades dos Estados estrangeiros, mas não das maldades do seu próprio Estado. São levados a supor que todas as guerras em que o seu próprio Estado se envolveu são defensivas, enquanto aquelas dos Estados estrangeiros são guerras de agressão. São ensinados a acreditar que quando, contrariamente às expectativas,

Educação e ordem social

seu país vence algum país estrangeiro, faz isso para promover a civilização, ou a luz do evangelho, ou uma moral de caráter elevado, ou uma proibição, ou algo que seja igualmente nobre. São ensinados a acreditar que as nações estrangeiras não têm padrões morais, e, como afirma o hino nacional britânico, que é dever da providência "frustrar seus sórdidos ardis" — um dever para o qual a providência não se furta a nos empregar como instrumentos. O fato é que todas as nações, em seu trato com as outras, comete tantos crimes quanto as suas Forças Armadas possibilitem. Os cidadãos, inclusive os decentes, aprovam totalmente as atividades que possibilitam esses crimes por não saber o que está sendo feito ou por não ver os fatos de uma perspectiva correta.

A educação é a principal culpada por essa disposição do cidadão comum de se tornar cúmplice inconsciente do latrocínio. Existem aqueles que culpam a imprensa, mas acredito que estão enganados a esse respeito. A imprensa atende às exigências do público, e o público exige jornais ruins porque sua educação foi ruim. Em vez de ser ensinado nas escolas, o patriotismo do tipo nacionalista deveria ser mencionado como uma forma de histeria em massa à qual, infelizmente, os homens estão propensos e contra a qual devem ser fortalecidos intelectual e moralmente. Sem dúvida, o nacionalismo é o vício mais perigoso dos nossos dias — muito mais que o alcoolismo, as drogas, a desonestidade comercial ou qualquer outro vício contra o qual uma educação moral convencional se volta. Todos aqueles que são capazes de ter uma visão geral do mundo moderno estão cientes de que a continuidade da vida civilizada está em risco devido ao nacionalismo. Isso, digo eu, é do conhecimento de todas as pessoas bem informadas quanto aos assuntos internacionais. Não obstante, em toda parte, continua-se a gastar dinheiro público para propagar e intensificar esse vício destrutivo. Aqueles que pensam que não se deve ensinar às crianças a considerar a matança por atacado como a mais nobre obra humana são denunciados como renegados e amigos de todos os países, exceto o seu. Seria de se supor que o afeto natural fizesse muitas pessoas sofrerem ao pensar em seus filhos agonizando, moribundos. Não é isso o que acontece. Embora o perigo seja patente, todas as tentativas de lidar com ele são consideradas ímpias pela maioria dos detentores do poder na maioria dos países. O serviço militar é representado como uma nobre preparação para a defesa do próprio país, e não se diz uma palavra sequer para conscientizar os jovens de que, muito provavelmente, as operações militares de sua pátria, supondo que seja poderosa, consistirão em agressão, não em defesa interna.

São várias as objeções ao ensino patriótico. Há a objeção, já abordada, segundo a qual a civilização não poderá continuar a menos que o nacionalismo seja atenuado. Há a objeção de que é praticamente impossível ensinar ideais humanos civilizados de conduta em uma instituição que também ensina como matar. Há a objeção de que o ensino do ódio, parte necessária da educação nacionalista, é em si mesmo algo negativo. Mas, acima de todas essas objeções, há aquela puramente intelectual, de que o ensino do nacionalismo envolve o ensino de premissas falsas. Em todos os países do mundo, ensina-se às crianças que o seu país é o melhor, mas essa premissa é falsa em todos os países, exceto em um. Já que as nações não conseguem entrar em acordo sobre onde a premissa é verdadeira, seria melhor abandonar o hábito de enfatizar os méritos de uma

Educação e ordem social

nação em detrimento de todas as outras. Sei que a ideia de que aquilo que se ensina às crianças na escola deve ser verdadeiro é subversiva e, em algumas de suas aplicações, até mesmo ilegal. Contudo, não posso resistir à convicção de que a instrução é melhor quando ensina a verdade do que quando ensina uma mentira. Deve-se ensinar História exatamente da mesma forma em todos os países do mundo, e os livros-texto dessa disciplina têm de ser escritos pela Liga das Nações, com um assistente dos Estados Unidos e outro da Rússia. A História deve ser mundial, em vez de nacional, e enfatizar questões de importância cultural em vez de guerras. É necessário ensinar sobre as guerras, mas não apenas pelo ponto de vista do vencedor e de feitos heroicos. O aluno deve andar pelo campo de batalha entre os feridos. É preciso fazê-lo sentir a situação deplorável dos desabrigados nas regiões devastadas e conscientizá-lo de todas as crueldades e injustiças para as quais a guerra abre oportunidade. Nos dias de hoje, quase todo o ensino é uma glorificação da guerra. O trabalho dos pacifistas nada pode contra o ensino das escolas. Isso se aplica, é claro, às escolas para ricos, que em toda parte são moral e intelectualmente inferiores às escolas para pobres. Na escola, as crianças aprendem os defeitos de outras nações, mas não os da sua. Conhecer os defeitos de outras nações contribui apenas para a presunção e o sentimento belicoso, ao passo que conhecer os defeitos da sua própria nação é salutar. Na escola, ensina-se ao menino inglês a verdade sobre os Black and Tans na Irlanda? A qual menino francês se ensina a verdade sobre a ocupação do Ruhr por soldados de cor? A qual menino americano se ensinam os fatos sobre Sacco e Vanzetti ou Mooney e Billings? Devido a tais omissões, o cidadão comum de todo país civilizado vive mergulhado na autocomplacência. Acerca das outras nações, ele sabe tudo o que os habitantes desses países não sabem sobre si mesmos; mas as coisas que eles sabem sobre o país dele, ele desconhece.

A maior parte do ensino do patriotismo, embora intelectualmente equivocada, é inocente em termos morais. Os mesmos homens que ensinam foram ensinados em um sistema errado e aprenderam a sentir que, em um mundo onde os estrangeiros são tão maus, somente grandes esforços militares podem proteger seu próprio país do desastre. Entretanto, a propaganda patriótica tem um lado menos inocente. Há interesses que lucram com isso, não só interesses armamentistas, mas também aqueles que investem nos países chamados desenvolvidos. Se você possui, digamos, petróleo, em algum país bastante conflagrado, a despesa de obter o petróleo tem duas partes – a primeira, a despesa técnica e objetiva da extração e, a segunda, a despesa política ou militar de manter a ordem entre os "nativos". Somente a primeira parte da despesa cabe a você; a segunda, que pode ser muito maior, cabe ao contribuinte, que é induzido a assumi-la por meio da propaganda patriótica. Dessa forma, cresce uma relação altamente indesejável entre patriotismo e finanças. Esse também é um fato que se esconde cuidadosamente dos jovens.

O patriotismo em suas formas mais militantes está estreitamente relacionado ao dinheiro. As Forças Armadas do Estado podem ser empregadas, e o são, para o enriquecimento dos seus cidadãos. Faz-se isso por meio de tributos e isenções, pela insistência no pagamento de dívidas que, em outra circunstância, seria repudiada, pelo confisco de matérias-primas e por meio de tratados comerciais compulsórios. Se todo o processo não contasse com o *glamour* do patriotismo, sua

Educação e ordem social

sordidez e perversidade seriam evidentes para todas as pessoas mentalmente sãs. Se os homens assim o desejassem, a educação poderia produzir com facilidade um sentido de solidariedade da raça humana e da importância da cooperação internacional. O nacionalismo veemente que está assolando o mundo poderia ser extinto dentro de uma geração. Dentro de uma geração, as barreiras tarifárias que empobrecem a todos nós poderiam ser reduzidas, o armamento com o qual nos ameaçamos de morte poderia ser abolido e o tiro que damos em nosso próprio pé poderia ser substituído pela boa vontade. O nacionalismo que agora impera em toda parte é, sobretudo, um produto das escolas e, se quisermos pôr fim a isso, outro espírito deve permear a educação.

Esse aspecto, assim como o desarmamento, terá de ser resolvido por meio de um acordo internacional. Talvez a Liga das Nações – caso consiga deixar por alguns momentos a sua tarefa de acumpliciamento com agressores – possa, mais cedo ou mais tarde, se conscientizar da importância disso. Talvez os governos possam pactuar um ensino uniforme da História. Talvez após a próxima grande guerra os sobreviventes, se houver, possam se reunir e decidir trocar as suas diversas bandeiras nacionais pela da Liga das Nações. No entanto, indubitavelmente, trata-se de utopias. É da natureza dos professores ensinar aquilo que sabem, por pouco que seja. Imagine professores de História ingleses ameaçados pela necessidade de ensinar História do mundo por força de um acordo internacional. Eles teriam de descobrir a data da Hégira e quando Constantinopla caiu. Teriam de aprender sobre Genghis Khan e Ivan, o Terrível; sobre a bússola, que, proveniente da China, chegou até os marinheiros árabes; e sobre o fato de que os gregos foram os primeiros a fazer estátuas do Buda. A indignação com a exigência de tais coisas em sua época não teria limites, e eles se revoltariam para instaurar um novo governo que se comprometesse a ignorar a Liga das Nações. Em todo o mundo ocidental, a energia ativa do nosso tempo está em empreendimentos capitalistas e é, em geral, uma força que contribui para a destruição. As classes de homens que deveriam auxiliar para a melhoria, como os professores, estão, em sua maior parte, razoavelmente satisfeitas com o *status quo*. Qualquer incremento social envolveria uma mudança em suas aulas – e, por isso, se possível, é preciso evitá-lo. O esforço que desejam evitar é não só intelectual, mas também emocional. Emoções conhecidas vêm com facilidade, e é difícil ensinar a si mesmo a sentir novas emoções em uma ocasião conhecida, como na execução do hino nacional. Desse modo, nosso mundo moderno, em que os bons são indolentes e somente os maus são dinâmicos, cambaleia como um bêbado rumo à destruição. Às vezes os homens enxergam o abismo, mas a ebriedade de sentimentos irreais logo faz seus olhos fecharem. Para todos os que não estão embriagados, o perigo é evidente. E o nacionalismo é a principal força que impele a civilização à sua ruína.

11.
Sentimento de classe na educação

A desigualdade de classes existe desde a aurora da civilização. Entre as tribos selvagens dos dias atuais, toma formas muito simples. Há chefes, e chefes podem ter várias esposas. Os selvagens, diferentemente dos homens civilizados, encontraram uma forma de fazer das esposas uma fonte de riqueza, de modo que, quanto mais esposas um homem tem, mais rico ele se torna. No entanto, essa forma primitiva de desigualdade social logo deu lugar a outras mais complexas. Em grande parte, a desigualdade social está ligada à herança e, portanto, em todas as sociedades patriarcais, à descendência pela linha masculina. Originalmente, a maior riqueza de certas pessoas se devia à destreza militar. O guerreiro vitorioso adquiria riqueza e a transmitia a seus filhos. A riqueza adquirida pela espada geralmente consistia em terras e, até os dias de hoje, a propriedade de terras é a marca do aristocrata — que, em teoria, descende de algum barão feudal que adquiriu suas terras matando os ocupantes anteriores e defendendo a sua aquisição contra todos os que o desafiassem. Essa é a fonte de riqueza considerada mais honrada. Há algumas que são um pouco menos, exemplificadas por aqueles que, apesar de serem totalmente ociosos, adquiriram a sua riqueza por herança de um ancestral diligente; e outras, ainda menos respeitáveis, cuja riqueza se deve à sua própria laboriosidade. No mundo moderno, o plutocrata que, embora seja rico, ainda trabalha, está destituindo gradualmente o aristocrata, cuja renda, em teoria, derivou apenas da propriedade de terras e monopólios naturais. Há duas principais origens legais de propriedade: uma, aristocrática, a saber, a propriedade de terras; outra, burguesa, a saber, o direito ao produto do seu próprio trabalho. O direito ao produto do próprio trabalho sempre existiu apenas no papel, pois coisas são feitas a partir de outras coisas, e o homem que fornece a matéria-prima exerce um direito sobre o produto acabado em troca de salários ou, onde existe escravidão, em troca das necessidades mínimas da vida. Assim, temos três ordens de homens: o proprietário de terras, o capitalista e o proletário. O capitalista, na origem, é apenas um homem cujas economias lhe permitiram comprar as matérias-primas e as ferramentas necessárias à manufatura e que, por meio disso, conquistou o direito ao produto acabado, em troca de salários. As três categorias – proprietário de terra, capitalista e proletário – são suficientemente claras na teoria; na prática, as diferenças não são nítidas. Um proprietário de terra pode empregar métodos empresariais para desenvolver um *resort* à beira-mar que fica na sua propriedade. Um capitalista cujo dinheiro vem da manufatura pode investir toda a sua fortuna, ou parte dela, em terras e passar a viver de aluguéis. Um proletário, contanto que tenha dinheiro no banco ou uma casa comprada à prestação, torna-se, nessa medida, capitalista ou proprietário de terra, conforme o caso. Em termos estritamente econômicos, o eminente

Educação e ordem social

advogado que cobra mil guinés por uma peça processual deve ser classificado como proletário. Entretanto, ele ficaria indignado se isso fosse feito e tem a mentalidade de um plutocrata.

Do ponto de vista prático, as importantes distinções de classe fora da URSS dependem da família patriarcal e da prática da herança. Devido à família patriarcal, os filhos dos ricos têm uma educação diferente, embora nem sempre melhor, que a oferecida aos filhos dos pobres. Em razão da herança, os filhos dos ricos podem esperar, se assim o quiserem, uma ociosidade sem inanição. Se a herança não existisse, as desigualdades de riqueza que perdurassem seriam eliminadas em cada geração. E, se não existisse a família patriarcal, os filhos dos ricos não teriam uma educação diferente daquela dos filhos dos pobres. Socialistas tendem a falar do sistema capitalista de forma um tanto vaga, sem uma análise adequada dos diversos fatores que contribuem para ele. As atividades empresariais do capitalista não são, de forma nenhuma, a totalidade do sistema capitalista. O fato de seus filhos estarem em uma posição privilegiada devido à sua riqueza é parte essencial dele. Não afirmo isso como crítica ao marxismo, já que Marx estabeleceu a relação entre economia e família. Porém, afirmo-o como crítica a muitos socialistas falantes de inglês, que imaginam que a estrutura econômica da sociedade não tem nenhuma relação substancial com o casamento e a família. Na verdade, a relação é recíproca. O burguês que procura acumular propriedade privada aplica o conceito de propriedade privada à sua esposa e aos filhos e, por conseguinte, também esse sentimento em relação a eles. Inversamente, o ciúme sexual e o afeto paternal são emoções que levam os homens a desejarem a propriedade privada na forma de mulheres e crianças. E, partindo do desejo de possuir essa forma de propriedade privada, são levados a querer também outras formas. Em uma comunidade primitiva, um homem pode desejar riqueza para ter muitas esposas. Em uma comunidade civilizada, um dos motivos do desejo de riqueza é a capacidade de dar à esposa e aos filhos um *status* social melhor que o das esposas e dos filhos dos assalariados. Assim sendo, a relação entre a propriedade privada de coisas materiais e a propriedade privada na forma de mulheres e crianças é recíproca. Não se pode esperar que uma venha abaixo sem que o mesmo aconteça à outra. A propriedade privada na forma de mulheres e crianças introduz a rivalidade em relação a elas e, portanto, leva para a educação o tema da distinção de classe. Não proponho, neste estágio, considerar como todas essas questões seriam afetadas por um comunismo absoluto.

No que concerne à educação, evidentemente, é a posição social dos pais que determina a das crianças. De modo que, em qualquer sociedade em que haja distinções de classe, as crianças são respeitadas não só pelos seus méritos, mas também pela riqueza de seus pais. Os filhos dos ricos adquirem a crença de ser superiores aos filhos dos pobres, e tenta-se fazer que os filhos dos pobres acreditem ser inferiores aos filhos dos ricos. É necessário se dedicar a esse esforço com os filhos dos pobres, já que, do contrário, eles podem se ressentir da injustiça que os vitima. Por conseguinte, onde quer que haja distinções de classe, a educação tem necessariamente dois defeitos correlatos: geração de arrogância no rico e busca de uma humildade irracional do pobre. As objeções à arrogância dos ricos são óbvias e foram ressaltadas pelos moralistas desde os tempos dos profetas hebreus, embora apenas uma pequena porcentagem dos moralistas tenha percebido que não era possível

Educação e ordem social

desfazer o mal mediante a mera pregação, mas apenas por meio de outro sistema econômico. Os males da tentativa de produzir uma humildade irracional no pobre são um pouco diferentes. Caso ela seja produzida, a iniciativa e o respeito próprio são comprometidos de forma nociva. Se ela não for produzida, haverá um ressentimento com tendência à destrutividade. Independentemente de ser bem-sucedida ou não, a tentativa de produzi-la envolve o ensino de mentiras: mentira ética, já que é uma representação de que a desigualdade entre ricos e pobres não é uma injustiça; mentira econômica, pois fica sugerido que o sistema econômico atual é o melhor possível; mentira histórica, já que os conflitos anteriores entre ricos e pobres são narrados do ponto de vista dos primeiros. Quando os professores estão em uma situação apenas um pouco melhor que a dos próprios proletários, precisam de alma de escravo para poder acreditar no que têm de ensinar, e de falta de coragem, caso ensinem sem acreditar.

Em sociedades pré-industriais, nas quais a riqueza é mormente aristocrática, a defesa da desigualdade toma a forma de reverência ao nascimento, que frequentemente excede a reverência à riqueza em si e oculta a origem econômica do sentimento. Um chefe exilado e sem dinheiro pode ser mais respeitado que um agiota bem-sucedido. Não obstante, em essência, o que se respeita é a riqueza, pois, via de regra, nessas sociedades a origem da riqueza é a ascendência aristocrática. Nos lugares onde a aristocracia é forte, evidentemente, a crença nela é reforçada por todo tipo de disparates – por exemplo: aristocratas têm mais urbanidade, mais educação ou sentimentos mais refinados que os de outras pessoas. Em uma sociedade plutocrática, como a dos Estados Unidos, há uma outra forma de asneira. Supõe-se que o plutocrata bem-sucedido tenha conquistado a sua posição por meio de trabalho árduo, frugalidade e escrupulosa honestidade. Ele deve usar sua posição como se fosse um fundo público, tendo sempre em vista o bem comum. Nas décadas de 1860 e 1870, quando as grandes fortunas dos plutocratas eram uma novidade, a cultura tradicional – por exemplo, a família Adams – expôs com gosto os truques, as tramas e a flagrante ilegalidade com os quais muitos dos principais homens acumularam sua riqueza.[1] Durante as décadas de 80 e 90 do século XIX, escreveram-se livros contra os métodos da Standard Oil Company. Na atualidade, tudo isso mudou. Os grandes plutocratas são considerados grandes benfeitores públicos. Toda universidade tem, ou espera ter, doações deles. Todo jovem de gostos acadêmicos espera receber uma bolsa de pesquisa por meio da generosidade de algum bilionário filantropo. As universidades e a imprensa enchem de elogios os muito ricos, e ensina-se o homem comum a acreditar que a virtude é proporcional à renda. As distinções de classe, portanto, são tão importantes em um país como os Estados Unidos quanto em uma nação aristocrática, e muito mais importantes do que em países como a Noruega e a Dinamarca, nos quais o conforto está bastante disseminado, mas quase não há grandes fortunas.

O dano causado pelas distinções de classe não se limita às crianças. Estende-se aos professores e ao currículo. Atribui-se mais prestígio social ao cuidado com a mente do que ao cuidado com o corpo e, desse modo, o professor que dá instrução

---

1 Consulte *High Finance in the Sixties*, dos irmãos Adams. Reimpresso pela Yale University Press.

Educação e ordem social

intelectual costuma ser indiferente a questões de saúde e ignorante quanto aos sinais indicadores que permitem detectar os primeiros estágios de qualquer mal físico. A distinção entre mente e corpo é artificial e falsa; porém, infelizmente, influenciou a hierarquia social, fazendo que o cuidado do corpo e o cuidado da mente fossem muito mais separados na educação do que deveriam ser. É evidente que isso não é tão ruim quanto em outros tempos, quando uma criança surda poderia ser castigada por desatenção durante anos e anos, sem que nenhum dos professores descobrisse que era surda. Embora exemplos extremos como esse provavelmente não ocorram na atualidade, o mal ainda existe em formas menos flagrantes. O professor, por exemplo, nada sabe sobre o problema digestivo da criança e pode se indignar com a burrice e o mau humor que têm como causa a constipação. Caso se sugerisse aos professores que atentassem à ação dos intestinos de seus alunos, eles ficariam escandalizados em seu esnobismo. Não quero que o leitor me entenda mal quanto a esse ponto. Não estou negando que haja, em todas as escolas modernas, o cuidado físico em relação às crianças, nem o tanto que se faz para mantê-las saudáveis, em comparação com o que se fazia em outros tempos. A minha queixa é que o cuidado físico e o mental estão totalmente separados e que a pessoa dotada do conhecimento necessário para um deles normalmente não tem o conhecimento necessário sobre o outro. No adulto, há grande abismo entre mente e corpo, mas esse abismo não tem nenhuma necessidade metafísica. É um produto da educação. Em um recém-nascido, não há abismo; em um bebê, esse abismo não é tão significativo e, em uma criança, não tem grande relevância. Não suponho que uma criança de 10 anos poderia dar um parecer filosófico correto sobre a diferença entre mente e corpo. Mas qualquer criança entenderia de pronto se você dissesse: "A sua mente é aquilo que está sob os cuidados da srta. A., e o seu corpo é aquilo que está sob os cuidados da srta. B.". É a distinção entre a srta. A. e a srta. B. que subjaz à distinção metafísica subsequente entre mente e matéria. Se as funções da srta. A. e da srta. B. fossem combinadas em uma srta. C., todas as crianças cresceriam e se tornariam monistas neutros, acreditando que mente e corpo são apenas aspectos diferentes do mesmo fenômeno. Assim sendo, a metafísica está relacionada ao sistema de classes. A atividade mental é aquela que não envolve o uso dos braços ou das pernas. A atividade física é aquela que envolve esse uso. A atividade mental é superior à física, pois aqueles que a praticam de modo exclusivo precisam de servos que façam o trabalho físico por eles. Segue-se que a alma é mais nobre que o corpo, a matéria é o princípio maligno, e assim sucessivamente.

Além disso, no que concerne ao currículo, o respeito à riqueza exerceu uma influência, ainda que menos óbvia do que antes. Os gregos, assim como todas as comunidades escravagistas, consideravam vulgar todo trabalho manual. Isso os levou a enfatizar bastante aspectos como cultura, filosofia e retórica, que podiam ser estudados sem o uso das mãos. Tendiam a pensar que toda manipulação da matéria era indigna de um cavalheiro e, provavelmente, isso teve a ver com o seu insucesso parcial na ciência experimental. Plutarco, relatando as invenções engenhosas de Arquimedes durante o cerco de Siracusa, defende-o da acusação de vulgaridade, argumentando que ele o fazia para benefício de seu primo, o rei. Os romanos herdaram a visão grega de cultura e, até os nossos dias, essa visão vem predominando em todos os países da Europa ocidental. A cultura pode

Educação e ordem social

ser adquirida pela leitura de livros ou conversando. Qualquer coisa que envolva mais do que isso não é cultura na acepção grega do termo. E a acepção grega do termo ainda é adotada, pelo menos na Inglaterra, pela maioria dos professores, por muitos docentes universitários e por todos os velhos cavalheiros com gostos literários. Isso se aplica não só à Antiguidade greco-romana, mas também à história moderna. Considera-se maior cultura saber sobre Horace Walpole do que acerca de Henry Cavendish, e sobre Bolingbroke do que a respeito de Robert Boyle, ainda que, nesses casos, o segundo tenha sido o homem mais importante. Em última análise, tudo isso está relacionado à ideia de que um cavalheiro é alguém que não usa as mãos a não ser na nobre arte da guerra. Um cavalheiro até pode usar a espada, mas não deve usar uma máquina de escrever.

Em questões desse gênero, os Estados Unidos estão muito à frente da Europa, devido ao fato de que, na América, a aristocracia foi abolida com veemência em uma época em que ela ainda existia em todos os países europeus. Entretanto, vem crescendo uma nova forma de distinção de classe na educação: a distinção entre a administração de empresas e os processos técnicos da manufatura. O homem envolvido na administração de empresas é o aristocrata do futuro, e a expressão "um grande executivo" tem, na América moderna, praticamente as mesmas conotações que a expressão "um grande homem da nobreza" tinha nos romances de Disraeli. A substituição do grande nobre pelo grande executivo como o tipo a ser admirado vem provocando um efeito considerável nos ideais de cultura. Um grande nobre, dos devaneios ditirâmbicos de Disraeli, era, sem dúvida, um homem de poder, mas um poder que lhe veio sem que ele tivesse de buscá-lo e que exercia de forma um pouco indolente.

Possuía também grande riqueza, mas ela lhe veio igualmente sem esforço, e ele fingia não lhe atribuir grande importância. Os seus motivos de orgulho eram seus modos refinados, o conhecimento de bons vinhos, a familiaridade com o grande mundo de todos os países civilizados, o seu parecer em relação a quadros da Renascença e o talento para o epigrama. Pode-se dizer, em geral, que as realizações dos aristocratas eram frívolas, mas inocentes. As realizações dos grandes executivos dos nossos dias diferem bastante. São homens cuja posição foi conquistada por meio de sua forte vontade e capacidade de avaliar outros homens. Poder é a sua paixão dominante; organização, a atividade na qual se sobressaem. São homens capazes do maior bem ou do maior mal, que devem ser respeitados por suas capacidades e sua importância e amados ou odiados segundo a natureza do seu trabalho, mas jamais vistos com indiferença ou condescendência. Em um mundo industrial, homens desse tipo devem assumir um lugar de destaque. Na URSS, homens de tal perfil são utilizados pelo Estado de forma a aproveitar suas capacidades, mas sem permitir o individualismo implacável do qual se permite que sejam culpados no mundo capitalista. Contudo, seja no capitalismo, seja no comunismo, são os homens desse tipo que devem, em última análise, dominar uma civilização industrial, e a diferença entre a sua mentalidade e a dos aristocratas de tempos mais antigos tem de exercer uma influência importante para fazer a cultura industrial ser diferente daquela que existia nas eras feudal e comercial.

A ideia de "educação de um cavalheiro" teve grande influência nas universidades. Entre os 18 e os 22 anos, jovens que não são excepcionalmente intelectuais têm dificuldade de levar a sério a aquisição de um conhecimento acadêmico, que

Educação e ordem social

não terá aplicação direta para eles na vida posterior. Portanto, tendem a ficar ociosos na universidade ou, caso trabalhem, fazem-no por mera consciência sem reflexão. Para aqueles que terão a pesquisa como ofício, as universidades são admiráveis, mas, para a maioria do restante, não têm muita relação com a vida subsequente. É possível passar os anos de universidade adquirindo um conhecimento que tenha alguma utilidade profissional, mas os acadêmicos conservadores nutrem horror a isso. Penso estarem equivocados. Acredito que muitos jovens inteligentes se tornam insípidos e céticos ao tomar consciência, enquanto estão na universidade, de que seu trabalho não tem importância real. Isso não acontece aos estudantes de Medicina, Engenharia, Agricultura ou outra área cuja utilidade é óbvia. Um cavalheiro se destina a ser ornamental em vez de útil, mas, para ser ornamental de modo adequado, deve-se fornecer a ele uma renda pela qual ele não trabalhou. Para aqueles que terão de ganhar a vida, não é prudente tentar uma forma de educação cujo principal propósito é tornar elegante a ociosidade. A pura aprendizagem como ideal tem seu lugar na vida da comunidade, mas somente para aqueles que dedicarão suas energias à pesquisa. Para aqueles que terão outro ofício, seria melhor passar os últimos anos de educação adquirindo um conhecimento que lhes permitisse exercer sua profissão com inteligência e ampla perspectiva. Na atualidade, não existe uma educação completa, mas há uma tendência, em especial na Inglaterra, a enfatizar excessivamente os elementos da educação que permitem a um homem falar com aparente inteligência. Além disso, se o conhecimento adquirido na universidade não estiver relacionado ao trabalho profissional subsequente, é provável que logo seja esquecido. Se profissionais de 40 anos fizessem provas sobre os assuntos estudados na universidade, receio que se constatasse que, na maioria dos casos, pouquíssimo conhecimento permaneceu. Por outro lado, se tivessem estudado algo que lhes permitisse estabelecer uma relação entre a sua profissão e a vida da comunidade e entender os seus aspectos sociais, seria provável que as suas experiências subsequentes tivessem fornecido ilustrações do que aprenderam e, portanto, tivessem fixado o conhecimento em suas mentes.

Até este ponto, abordei desvantagens incidentais derivadas das distinções de classe, mas tratei apenas de maneira superficial da maior desvantagem, que é ética. Onde quer que haja desigualdades injustas, o homem que delas se aproveita tende a se proteger de um sentimento de culpa por meio de teorias que sugerem que ele é, de alguma forma, melhor do que os menos afortunados. Essas teorias envolvem limitação da compaixão, oposição à justiça e propensão a defender o *status quo*. Dessa forma, transformam os membros mais afortunados da comunidade em oponentes do progresso; o medo invade suas almas e eles evitam covardemente todas as doutrinas que possam ter tendência subversiva e que, portanto, sejam uma ameaça ao seu conforto. Por sua vez, os membros da comunidade menos afortunados devem sofrer atrofia intelectual a ponto de não perceber a injustiça que os vitima e a perda moral do respeito próprio, a ponto de estar dispostos a se curvar diante de homens que, intrinsecamente, não são melhores do que eles ou, ainda, de se encher de raiva e rancor, protestar com indignação por um sentimento de estar continuamente ofendidos e começar a ver pouco a pouco o mundo pelos olhos ictéricos de uma vítima de mania persecutória. Assim, toda injustiça tolerada tem dois lados negativos: um em relação aos afortunados,

Educação e ordem social

outro, aos desafortunados. É por esses motivos, e não por uma excelência abstrata da justiça pela justiça, que sistemas sociais injustos são perversos. Em uma comunidade baseada na injustiça, o lado ético da educação nunca pode ser o que deve ser. As emoções de rancor que, consideradas em si mesmas, são negativas, podem ser uma motivação muito necessária na eliminação da injustiça entre classes, nações ou sexos. Mas não é por serem politicamente necessárias que deixam de ser intrinsecamente indesejáveis. A pedra de toque da boa sociedade deveria ser o fato de que, nela, as emoções usuais serão aquelas relacionadas à bondade, à amizade e à construtividade, e não as associadas à raiva e à destrutividade. Se essa questão for desenvolvida, iremos muito longe. Contudo, como o nosso tema é a educação, deixarei para o leitor a tarefa de levar o argumento à sua conclusão.

12.
Competição na educação

Alguns ideais dominantes do século XIX perduraram até a nossa época; outros, não. Aqueles que perduraram têm, em sua maioria, um campo de aplicação mais restrito em nossos dias do que tinham havia cem anos. Dentre estes, o ideal da competição é um bom exemplo. É um equívoco, acredito, considerar que a crença na competição se deve ao darwinismo. Na verdade, aconteceu o contrário: o darwinismo se deveu à crença na competição. O biólogo moderno, embora ainda acredite na evolução, não acredita tanto quanto Darwin que esta seja motivada pela competição. Essa mudança reflete a alteração ocorrida na estrutura econômica da sociedade. O industrialismo começou com grandes quantidades de pequenas empresas competindo entre si, a princípio com pouquíssima ajuda do Estado, que ainda era agrícola e aristocrático. Portanto, os primeiros industrialistas acreditavam na autoajuda, no *laissez-faire* e na competição. Da indústria, a ideia de competição disseminou--se para outras esferas. Darwin convenceu os homens de que a competição entre diferentes formas de vida foi a causa do progresso evolucionário. Os educacionistas se convenceram de que a competição na sala de aula era a melhor forma de promover a indústria entre os eruditos. A crença na livre competição foi usada por empregadores como argumento contra o sindicalismo – o que ainda ocorre nas partes mais atrasadas da América. Mas a competição entre capitalistas diminuiu de maneira gradual. A tendência é que toda uma indústria se combine nacionalmente, de forma que a competição passou a se dar sobretudo entre nações, com uma grande diminuição da competição entre as diversas empresas dentro de uma nação. Nesse ínterim, naturalmente, os capitalistas se empenharam – enquanto combinavam entre eles – a atrapalhar, tanto quanto possível, as combinações de seus funcionários. Seu lema tem sido: "Unidos, venceremos; divididos, eles cairão". Desse modo, a livre competição foi preservada como um grande ideal em todas as áreas da vida humana, excetuando-se as atividades dos magnatas industriais. Quanto a esses, a competição é nacional e, portanto, toma a forma do estímulo ao patriotismo.

Na educação, o ideal da competição tem dois tipos de efeitos negativos. Por um lado, levou ao ensino do respeito pela competição em vez da cooperação, principalmente em assuntos internacionais; por outro, promoveu um grande sistema de competitividade na sala de aula, no esforço para garantir bolsas de estudo e, posteriormente, na procura de empregos. Esse último estágio foi abrandado, no que diz respeito aos assalariados, pelo sindicalismo. No entanto, entre os profissionais, manteve toda a sua absoluta severidade.

Um dos piores defeitos da crença na competição na educação é o fato de ter provocado, em especial nos melhores alunos, um grande excesso de educação. Na atualidade, há uma tendência perigosa – em todos os países da Europa ocidental,

Educação e ordem social

mas não nas Américas do Norte e do Sul – a infligir aos jovens uma educação tão excessiva que danifica a imaginação, o intelecto e até mesmo a saúde física. Infelizmente, os jovens mais inteligentes são os que mais sofrem com essa tendência; em cada geração, os melhores cérebros e as melhores imaginações são imolados no altar da Grande Competição. Para quem teve, como eu, experiência na universidade com algumas das melhores mentes de uma geração, o dano causado nos jovens pelo esforço excessivo é comovente. A máquina educacional nos Estados Unidos é inferior, em vários sentidos, às da Europa ocidental, mas, nesse aspecto, é melhor do que as europeias. Os pós-graduados jovens e capazes da América raramente têm o escopo de cultura ou a grande extensão da erudição que se encontram na mesma classe na Europa, mas nutrem um amor pelo conhecimento, um entusiasmo pela pesquisa e um frescor de iniciativa intelectual que, na Europa, geralmente, deram lugar a uma correção entediada e cética. Aprender sem deixar de amar o aprendizado é difícil, e os educadores europeus não encontraram a solução para essa dificuldade.

A primeira coisa que o educador médio se empenha em matar nos jovens é a imaginação. A imaginação não segue leis, é indisciplinada, individual, e não é correta nem incorreta; em todos esses aspectos, é inconveniente para o professor, principalmente quando a competição requer uma rígida ordem de mérito. O problema do tratamento correto da imaginação se torna mais difícil pelo fato de que, na maioria das crianças, diminui de modo espontâneo à medida que o interesse pelo mundo real aumenta. Os adultos em quem a imaginação permanece forte são aqueles que conservaram, de sua infância, algo de sua autonomia em relação aos fatos; porém, para que a imaginação adulta seja valiosa, sua autonomia quanto aos fatos não pode vir da ignorância, mas de certa falta de servilismo. Farinata degli Uberti tinha grande desprezo pelo inferno, apesar de ter de viver ali pela eternidade. É essa atitude em relação ao fato que guarda maior probabilidade de promover uma imaginação proveitosa no adulto.

Para passar a questões mais concretas, considere algo como o desenho e a pintura feitos por crianças. Dos 5 aos 8 anos de idade, aproximadamente, a maioria das crianças apresenta uma imaginação considerável do tipo pictórico, caso sejam estimuladas, mas, excetuando-se esse incentivo, ficam livres. Algumas, embora uma pequena minoria, são capazes de manter o impulso de pintar depois de se tornarem autocríticas. Entretanto, caso tenham sido ensinadas a copiar minuciosamente e buscar a representação precisa, irão se tornar cada vez mais científicas em vez de artísticas, e sua pintura deixará de apresentar criatividade. Para evitar isso, não se deve mostrar-lhes como desenhar corretamente, a não ser quando elas mesmas pedirem instruções, e não se deve permitir que a correção constitua mérito. Isso é difícil para o professor, já que a excelência artística é uma questão de opinião e gosto individual, ao passo que a precisão pode ser submetida a testes objetivos. O elemento social da educação escolar, o fato de ser de uma classe, tende, a menos que o professor seja muito excepcional, a levar à ênfase em excelências verificáveis socialmente, e não nas que dependem de qualidade pessoal. Para preservar a qualidade pessoal, é preciso reduzir ao mínimo o ensino categórico, e a crítica jamais deve ser contundente a ponto de inibir a autoexpressão. Todavia, é improvável que essas máximas conduzam a um trabalho que agrade um inspetor.

Educação e ordem social

Em uma idade ligeiramente posterior, o mesmo se aplica ao ensino da Literatura. Os professores normalmente exageram no ensino e criam regras de estilo tolas, como a proibição de iniciar sentenças com "e" e "mais". Evidentemente, regras gramaticais objetivas têm de ser cumpridas, embora a Gramática seja mais maleável do que a maioria dos professores imagina. Qualquer criança que escrevesse:

E maldito seja o primeiro a gritar: "Basta! Eu me rendo!"

seria repreendido não só pelo termo malsonante, mas também por erro de Gramática. Na Literatura, assim como na Pintura, o perigo é que a correção tome o lugar da excelência artística. O ensino da Literatura deve se limitar à leitura, que tem de ser intensa, em vez de extensa. É bom saber de cor coisas que proporcionem prazer espontâneo, e, do ponto de vista da educação em Literatura, é totalmente inútil ler qualquer coisa, por mais clássica que seja, que não agrade realmente o leitor. A Literatura que é lida com avidez e conhecida intimamente molda a dicção e o estilo, ao passo que a Literatura lida com frieza uma única vez só promove a conversa pseudointeligente. Os alunos devem, é claro, tanto ler quanto escrever, mas aquilo que escrevem não precisa ser criticado nem é preciso mostrar a eles qual, na opinião do professor, teria sido a melhor forma de escrever. No que concerne à redação, não precisa haver ensino nenhum.

Passando da imaginação ao intelecto, consideramos relevantes alguns aspectos um pouco similares, combinados a outros que estão ligados ao cansaço. A fadiga pode ser geral ou especial; a primeira deve ser analisada como questão de saúde, mas a segunda deve ser levada em conta por todos os envolvidos no treinamento intelectual. Talvez os leitores se lembrem do cão de Pavlov, que aprendeu a diferenciar elipses de círculos. No entanto, conforme Pavlov aproximava gradualmente as elipses do formato circular, chegou-se, por fim, a um ponto – em que a razão entre os eixos maior e menor era de 9:8 – no qual a capacidade de discriminação do cão cedeu; depois disso, ele esqueceu tudo o que havia aprendido anteriormente sobre o assunto de círculos e elipses. Acontece a mesma coisa com muitos meninos e meninas na escola. Quando obrigados a lidar com problemas que decerto estão além de sua capacidade, são tomados por uma espécie de desorientação aterrorizada, em relação não só ao problema em questão, mas também a todo o território intelectual fronteiro a ele. Muitas pessoas permanecem ineptas em assuntos matemáticos durante toda a vida porque eram demasiadamente jovens quando começaram a estudá-los. Dentre as capacidades testadas na escola, a de raciocínio abstrato é a última a ser desenvolvida, como se pode ver nos dados coletados para o valioso livro de Piaget, *O raciocínio na criança*. O pedagogo, a menos que seja muito psicológico e experiente, não acredita que as crianças sejam tão confusas quanto são de fato: se as respostas verbais corretas são obtidas, supõe-se que o assunto foi entendido. Em geral, a Aritmética e a Matemática são aprendidas em uma idade precoce demais; consequentemente, nesses assuntos, muitos alunos garantem a inépcia artificial do cão de Pavlov que estudava Geometria. Para evitar esse tipo de infortúnio, é necessário que os professores tenham algum conhecimento de Psicologia, um treinamento considerável na arte de ensinar e uma certa liberdade para não seguir o currículo quando necessário. Na atualidade, acredita-se que aqueles que ensinam aos pobres precisam saber ensinar, mas os

Educação e ordem social

filhos dos "cavalheiros" ainda recebem ensino de professores totalmente despreparados. Esse é um dos resultados imprevisíveis do esnobismo.

O cansaço danifica a qualidade real do intelecto e, portanto, é muito grave. Menos desastroso, mas ainda bastante nocivo, é o desestímulo ao interesse por coisas intelectuais que ocorre quando aquilo que é ensinado é (ou parece ser) totalmente inútil. Tome como exemplo qualquer classe de cem meninos que esteja dentro da média: estimo que noventa deles aprendem somente por temer o castigo; nove, devido ao desejo competitivo de sucesso, e um pelo amor ao conhecimento. Esse tétrico estado de coisas não é inevitável. Por meio de uma redução do tempo de aula, aulas voluntárias e bom ensino, é possível fazer que cerca de 70% aprendam pelo amor ao conhecimento. Quando se consegue despertar essa motivação, a atenção se torna disposta e não demanda esforço; por conseguinte, o cansaço diminui muito e a memória melhora consideravelmente. Além disso, a aquisição de conhecimento passa a ser sentida como um deleite e, por consequência, é provável que continue após o fim do período de educação formal. Será constatado que se aprende mais em menos horas de aulas voluntárias do que em um período mais longo de tédio forçado e desatento. Mas o professor tem de adaptar a instrução àquilo que os alunos considerem que vale a pena aprender, em vez de intimidá-los a fingirem que bobagens antigas têm algum valor oculto e misterioso.

Outro defeito intelectual de quase todo o ensino, com exceção do grau mais alto de instrução universitária, é o incentivo à ingenuidade e à crença que reconhecem respostas categóricas em questões que são legitimamente abertas ao debate.

Bertrand Russell

Lembro de uma ocasião em que vários de nós estávamos debatendo sobre qual seria a melhor peça de Shakespeare. A maioria procurava apresentar argumentos favoráveis a opiniões não convencionais, mas um jovem inteligente – que progrediu até a universidade, tendo iniciado no ensino fundamental – nos informou, como se fosse um fato do qual seríamos inexplicavelmente ignorantes, que *Hamlet* é a melhor das peças de Shakespeare. Depois disso, o assunto foi encerrado. Todos os clérigos da América sabem por que Roma caiu: foi devido à corrupção da moral, descrita por Juvenal e Petrônio. O fato de que a moral tornou-se exemplar cerca de dois séculos antes da queda do Império Romano do Ocidente é desconhecido ou ignorado. Às crianças inglesas ensina-se uma visão da Revolução Francesa, mas às crianças francesas, outra; nenhuma delas é verdadeira, mas, em cada caso, seria altamente imprudente discordar do professor, e poucos se sentem inclinados a fazê-lo. Os professores deveriam estimular a discordância inteligente da parte dos alunos e até mesmo incentivá-los a ler livros com opiniões opostas às do instrutor. No entanto, raramente se faz isso e, como resultado, uma boa parte da educação consiste em instilar dogmas infundados em lugar de um espírito inquisitivo. Isso não decorre, necessariamente, de algum defeito do professor, mas de um currículo que exige um excesso de conhecimento aparente, o que, por conseguinte, gera a necessidade de pressa e de uma taxatividade indevida.

O aspecto mais grave do excesso de educação é o seu efeito sobre a saúde, sobretudo a mental. Esse problema, assim como existe na Inglaterra, decorre da aplicação apressada de um lema liberal, "igualdade de oportunidade". Até uma época razoavelmente recente, a educação era prerrogativa dos filhos dos

Educação e ordem social

ricos, mas, sob a influência da democracia, passou-se a acreditar, com razão, que o ensino superior deveria ser aberto a todos os que pudessem se beneficiar dele e que a capacidade de se beneficiar dele dependia sobretudo do intelecto. A solução encontrada foi um vasto sistema de bolsas de estudo que dependem da proficiência escolar em uma idade precoce e, em grande medida, em provas competitivas. A crença nas virtudes soberanas da competição impediu que alguém ponderasse que meninos, meninas e adolescentes não deveriam ser submetidos ao esforço severíssimo envolvido nesse processo. Já seria suficientemente ruim se o esforço fosse apenas intelectual, mas é também emocional: todo o futuro do menino ou da menina, não só o econômico, mas também o social, depende do êxito em um breve teste após uma longa preparação. Considere a situação de um menino inteligente vindo de um lar pobre, cujos interesses sejam quase totalmente intelectuais, mas que tem amigos que não se interessam por livros. Se ele conseguir chegar à universidade, talvez possa fazer amigos da mesma índole e passar a vida em um trabalho compatível; do contrário, estará condenado não só à pobreza, mas também à solidão mental. Com essa alternativa diante de si, é quase certo que ele trabalhe com ansiedade, mas não com sabedoria, e destrua sua resiliência mental antes de concluir sua educação.

Embora o mal seja óbvio para todos os que possuem experiência de lecionar em uma universidade, não é fácil criar a solução. É provavelmente indesejável – e, com certeza, impossível em termos financeiros – oferecer educação universitária para todos; por conseguinte, há necessidade de algum método de seleção, que deve depender principalmente da proficiência intelectual. Seria melhor se o esforço não fosse tão concentrado quanto é quando depende de uma prova e se os professores pudessem selecionar uma determinada proporção de seus alunos com base na impressão geral. Não há dúvida de que isso causaria certo grau de bajulação e favoritismo, mas é provável que esses males seriam menos graves que os do atual sistema. Seria bom selecionar aos 12 anos aqueles que teriam educação universitária. Depois disso, não deveriam ser submetidos à competição, mas apenas a condições razoáveis de laboriosidade. Além disso, aos 12 anos, deveriam ser selecionados pela inteligência, não pela proficiência real.

Esse é um mérito dos testes de inteligência, que são pouquíssimo utilizados na Inglaterra, embora na América se confie neles a tal ponto sem que haja, a meu ver, nenhuma justificativa científica. O seu mérito não é a infalibilidade – nenhum teste pode ser infalível –, mas o fato de, no todo, dar resultados aproximadamente corretos e de não exigir a exaustiva e tensa preparação necessária para o tipo comum de prova.

Em áreas urbanas – e onde quer que haja densidade populacional suficiente – deveriam existir escolas especiais para meninos e meninas muito inteligentes, como as que já há para os deficientes mentais. Começou-se a fazer algo assim na América,[1] mas, até o momento, apenas em pequena escala.

Alguns resultados são interessantes. Por exemplo: um menino cujo quociente de inteligência era 190 (sendo que a média é 100) foi encontrado em uma escola comum, onde ele não tinha amigos e era considerado um tolo. Transferido para uma classe especial para meninos com quociente de inteligência médio de 164, teve rápido reconhecimento como líder e foi "eleito

---

1 Consulte *Gifted Children*, de Hollingworth, capítulos IX e X.

Educação e ordem social

a vários postos de confiança e honra". As crianças inteligentes seriam poupadas de diversos atritos e sofrimento caso não fossem obrigadas a se associar de modo muito próximo a contemporâneos burros. Existe a ideia de que ter contato com todo tipo de gente na juventude é uma boa preparação para a vida. Isso me parece uma bobagem. Ninguém, na vida posterior, se associa a todo tipo de gente. Agenciadores de apostas não são obrigados a viver entre clérigos e vice-versa. Na vida posterior, a ocupação e o *status* do homem sugerem seus interesses e capacidades. Na minha época, vivi em vários estratos sociais diferentes – diplomatas, professores de universidades renomadas, pacifistas, presidiários e políticos –, mas não encontrei em nenhum outro lugar a implacabilidade caótica de um grupo de meninos. Meninos intelectuais, em sua maioria, ainda não aprenderam a ocultar sua intelectualidade e, portanto, estão expostos a uma perseguição constante em razão de sua esquisitice. Com o tempo, os mais adaptáveis dentre eles aprendem a parecer comuns e a apresentar uma fachada cortês e sem conteúdo, mas não acredito que valha a pena aprender essa lição. Se você passar por uma fazenda, poderá observar vacas e ovelhas, porcos e cabras, gansos e patos, galinhas e pombos, todos se comportando de formas diversas: ninguém acredita que um pato deva adquirir adaptabilidade social aprendendo a se comportar como um porco. Mas é exatamente isso que é considerado tão valioso para os meninos na escola, onde os porcos tendem a ser a aristocracia.

As vantagens das escolas especiais para as crianças mais inteligentes são imensas. Não só evitarão a perseguição social, como serão poupadas de grande sofrimento, cansaço emocional e todas as aulas de covardia que, frequentemente, fazem com que os adultos prostituam seus cérebros servindo a tolos poderosos. Do ponto de vista puramente intelectual, o ensino se torna muito mais rápido e elas não precisam sofrer o tédio de ouvir coisas que já entendem sendo explicadas aos outros membros da classe; além disso, é provável que a conversa entre elas venha a fixar-lhes o conhecimento na memória e as suas ocupações no tempo livre possam ser inteligentes sem medo do ridículo. Não se pode argumentar nada contra essas escolas, com exceção de dificuldades administrativas e daquela forma de sentimento democrático que tem sua origem na inveja. Na atualidade, todo menino ou menina inteligente se sente esquisito; em um ambiente como esse, tal sentimento desapareceria.

Uma das dificuldades de toda grande máquina educacional é que, via de regra, os administradores não são professores e não têm a experiência necessária para saber o que é possível e o que é impossível. Quando um homem começa a lecionar, a não ser que o faça para grupos seletos de alunos especialmente inteligentes, ele é surpreendido ao constatar que os jovens aprendem muito menos e com bem mais lentidão do que imaginava. É possível que valha a pena conhecer um assunto, mas, não obstante, não valha a pena ensiná-lo porque, no tempo disponível, a maioria dos alunos não aprenderá nada sobre ele. A tendência daqueles que montam um currículo sem ter a experiência docente é inserir assuntos demais nele e, em decorrência disso, não se aprende nada de forma completa. Por sua vez, o professor experiente tende a ter um viés diferente, igualmente indesejável: de modo geral – por ser obrigado a colocar os alunos em ordem de mérito –, prefere os assuntos nos quais não pode haver dúvida se o aluno deu ou não a resposta correta. A longa moda da Gramática latina pode ser atribuída,

Educação e ordem social

em parte, a essa origem. Pelo mesmo motivo, a Aritmética é sobrevalorizada; no ensino fundamental britânico, toma muito mais tempo do que deveria. O homem médio deve ser capaz de fazer contas, mas, com exceção disso, as ocasiões para somas serão raras. Aquilo que ele talvez tenha aprendido da Aritmética complicada não terá mais valor prático na vida posterior do que o Latim que poderia ter aprendido no mesmo tempo, e muito menos utilidade do que aquilo que ele poderia ter aprendido sobre Anatomia, Fisiologia e Higiene Elementar.

O problema da educação em excesso é, simultaneamente, importante e difícil. Importante porque uma pessoa inteligente que tenha sido educada em excesso perde a espontaneidade, a autoconfiança e a saúde, tornando-se um membro da comunidade bem menos útil do que poderia ter sido. É difícil porque, conforme a massa de conhecimento existente cresce, fica cada vez mais trabalhoso saber tudo o que é relevante, tanto nas questões práticas mais complicadas quanto na descoberta científica. Portanto, não podemos evitar os males da educação em excesso apenas dizendo: "Deixemos os meninos e meninas em liberdade, sem importuná-los com aprendizagem em demasia". Nossa estrutura social depende cada vez mais da inteligência treinada e bem informada. A depressão mundial de hoje se deve, em grande parte, à falta de educação dos homens práticos: se banqueiros e políticos entendessem de moeda e crédito, todos nós, do mais elevado ao mais baixo, deveríamos ser bem mais ricos do que somos. O avanço da ciência – para usar outra ilustração – não poderá continuar no ritmo atual a menos que alguém possa alcançar as fronteiras do conhecimento existente até os seus 25 anos, já que poucos são capazes de originalidade profunda após os 30. E o cidadão médio não poderá desempenhar o seu papel em um mundo complicado a menos que esteja mais habituado do que está atualmente a ver assuntos práticos como questões a serem decididas pela aplicação da inteligência treinada a massas de fatos, e não por preconceito, emoção e conversa vazia. Por todos esses motivos, a educação intelectual é uma necessidade determinante na ordem social moderna.

Deve haver instrução suficiente, mas não pode haver os males da educação em excesso. Isso exige três coisas. Acima de tudo, o desgaste emocional relacionado à aquisição do conhecimento tem de ser o menor possível; isso demanda grandes mudanças nos sistemas de provas e bolsas de estudo e, onde for possível, a segregação dos alunos mais inteligentes. O desgaste emocional é a grande fonte de cansaço nocivo; o cansaço puramente intelectual, assim como o muscular, é curado a cada noite durante o sono, mas o cansaço emocional impede que se durma o suficiente ou faz que o sono não seja reparador em função de pesadelos. Portanto, durante a educação, os jovens precisam ter, na medida do possível, uma existência despreocupada.

O segundo elemento necessário é a eliminação drástica da instrução que não possui nenhum propósito útil. Não quero dizer que crianças e jovens devem adquirir o conhecimento que é chamado de "útil", e que não devem aprender coisas somente porque sempre foram aprendidas. Frequentemente pergunto a jovens que terminaram há pouco tempo os estudos o que eles aprenderam de História. Em geral, constato que estudaram História Inglesa de Hengest e Horsa até a Conquista Normanda, repetidas vezes, em cada nova aula e que, além disso, não sabiam nada. Posso ser uma exceção, mas até agora não vivi

Educação e ordem social

sequer uma situação em que foi realmente proveitoso saber sobre (digamos) as relações dos reinos da Mércia e de Wessex no século VIII. Há muita coisa na História que vale muito a pena saber, mas essas coisas raramente são ensinadas nas escolas.

O terceiro item necessário é que todo ensino superior deve ser oferecido tendo em vista o ensino do espírito e da técnica de inquirir, em vez de adotar a visão do fornecimento de respostas certas para as perguntas. Também nesse caso, a culpa é das provas. Para o jovem que tem de passar (digamos) em uma prova elementar de Literatura Inglesa provavelmente seria recomendável não ler sequer uma palavra de nenhum dos grandes escritores; em vez disso, deveria decorar todas as informações de algum manual, exceto as que valem a pena saber. Por causa das provas, os jovens precisam decorar todo tipo de coisas, como datas, sendo que seria muito mais sensato consultá-las em livros de referência. O tipo adequado de instrução ensina a usar livros, não façanhas mnemônicas inúteis que se destinam a torná-los desnecessários. Isso já é reconhecido no trabalho de pós-graduação, mas também deveria ser em um estágio muito anterior da educação. Além disso, a pesquisa do aluno não deve ser avaliada pela ortodoxia nem, de outro modo, pela conclusão à qual se chega, mas pela extensão do conhecimento e pela razoabilidade do argumento. Esse método não só ensinará o poder da formação de juízos sensatos e manterá viva a iniciativa dos aprendizes, como também tornará a aquisição de conhecimento interessante, diminuindo de forma bastante significativa a fadiga envolvida nesse processo. Em grande parte, o cansaço do trabalho intelectual decorre do esforço de se forçar a dar atenção ao que é tedioso e, portanto, qualquer método que elimine o tédio também elimina a maior parte do cansaço.

Mediante esses métodos, é possível se tornar altamente educado sem pôr em risco a saúde e a espontaneidade. Entretanto, isso não será possível enquanto a tirania das provas e da competição persistir. A competição é negativa não só como fato educacional, mas também como ideal a ser apresentado aos jovens. O mundo não precisa de competição, mas de organização e cooperação; toda crença na utilidade da competição se tornou um anacronismo. Mesmo se a competição fosse útil, não é, em si, admirável, já que as emoções às quais está relacionada são as de hostilidade e implacabilidade. O conceito de sociedade como um todo orgânico é muito difícil para aqueles cujas mentes foram impregnadas de ideias competitivas. Portanto, em termos éticos, não menos que econômicos, é indesejável ensinar os jovens a serem competitivos.

13.
Educação no comunismo

Nos capítulos anteriores, vimos os males produzidos na educação pela instituição da propriedade privada e por sua relação com a família patriarcal. Agora temos de considerar se, no comunismo, devem-se esperar outros males igualmente graves ou se, pelo contrário, a educação pública poderia ser melhor no comunismo do que jamais poderia ser no capitalismo. O estado atual da educação na URSS, embora possa ser considerado nessa relação, evidentemente não tem nada de decisivo, já que a Rússia ainda está em construção e distante do objetivo maior. Para o nosso propósito, é muito mais instrutivo considerar o que o governo soviético espera e pretende, não o que já realizou. O que foi feito até o momento tem necessariamente a natureza de uma concessão. Quando a revolução eclodiu, a maioria dos russos era analfabeta, e os camponeses, que constituíam 80% da população, tinha mentalidade altamente conservadora. A falta de fundos, prédios escolares e professores é um grande obstáculo. Apesar de todas essas dificuldades, fez-se o suficiente para deixar razoavelmente claro o que será o sistema educacional quando estiver concluído. Portanto, consideraremos primeiro o que está sendo feito agora na educação e, em seguida, tentaremos avaliar o futuro educacional pretendido.

Um relato mais ou menos oficial é apresentado por Albert P. Pinkevitch, presidente da Segunda Universidade Estatal de Moscou, em seu livro *The New Education in the Soviet Republic*, publicado em Londres pela Williams & Norgate, Ltd. Essa obra pode ser aceita como fidedigna em todas as questões referentes à organização escolar e seus propósitos atuais. É possível que muitos usuários se surpreendam com as grandes semelhanças que guardam com os países ocidentais. Ensinar as crianças a ler, escrever e somar é um trabalho técnico que não é muito afetado pelo sistema econômico. As questões de saúde também são incontroversas. Porém, além desses aspectos, será constatado que há sistemas de escoteiros, ensino de moral escolar, instilação da lealdade ao Estado etc., que são muito semelhantes aos que estão em uso na Inglaterra e na América. Além disso, algo da perspectiva conhecida do presidente da universidade, como se conhece nos Estados Unidos, transparece na estranha fraseologia comunista. Entretanto, apesar desses ecos de sistemas antigos, há muita coisa nova, e as novidades são bem importantes.

A estreita relação entre a educação e o sistema social, enfatizada nas páginas anteriores, é, evidentemente, afirmada — de modo quase categórico demais — por todos os comunistas. Pinkevitch cita uma passagem de Lênin sobre as escolas dos países capitalistas ocidentais:

Quanto mais culto era o Estado burguês, mais sutilmente ele enganava, afirmando que a escola pode ficar fora da política e,

Educação e ordem social

dessa forma, servir à sociedade como um todo. Na realidade, a escola era, em sua totalidade, um instrumento de dominação de classe nas mãos da burguesia; era totalmente permeada pelo espírito de casta; seu objetivo era fornecer aos capitalistas servos úteis e trabalhadores competentes.

No Estado comunista, a escola deve ser, francamente, um instrumento de dominação de classe nas mãos do proletariado, e não deve haver nenhum ensino moral que não seja útil aos trabalhadores na luta de classes. Lênin é citado outra vez:

> Rejeitamos qualquer tipo de moralidade baseada em uma ideia que não seja humana e de classe; consideramos essa moralidade como uma fraude e um engano que bloqueiam as mentes de operários e camponeses para favorecer os interesses dos proprietários de terra e capitalistas. Dizemos que a nossa moralidade é totalmente subserviente aos interesses da luta de classes do proletariado.

Ao que parece, segue-se que, quando o proletariado tiver alcançado a vitória definitiva, de modo que a luta de classes não mais exista, não haverá moralidade. Pinkevitch, no entanto, permite que apareça uma ética um pouco mais positiva ao dizer:

> O objetivo da educação e da instrução geral na Rússia soviética é contribuir para o desenvolvimento geral de um homem saudável, forte, ativamente corajoso e independente em pensamentos e ações, conhecedor das várias facetas da cultura contemporânea, um criador e guerreiro segundo os interesses do

proletariado e, consequentemente, em última análise, segundo os interesses da sociedade como um todo.

Ao simplesmente omitir a referência incidental ao proletariado nessa passagem, obtemos uma ética muito categórica que não envolve nada distintamente comunista. Mas, no período de transição, a propaganda deve ter um papel importante; durante esse período, "o objetivo é, por assim dizer, a doutrinação dos jovens na filosofia proletária".

Pinkevitch reconhece que, "do ponto de vista da formação do caráter, a primeira e a segunda infância são, incontestavelmente, os períodos mais importantes da vida". Ele sustenta que seria desejável que os bebês pudessem ser criados em instituições, não só para o seu próprio bem, mas também "para concretizar totalmente o Estado socialista, em que as mulheres, libertadas do trabalho insignificante, tedioso e improdutivo, tomam o seu lugar lado a lado com o homem". Segundo ele, tanto na primeira quanto na segunda infância, a escola é uma influência melhor que a família.

Nossa principal crítica à escola contemporânea é o fato de lidar com crianças que passam três quartos do seu tempo fora da escola e longe de sua influência, com crianças que vêm à escola com certas informações, certos hábitos e, pelo menos, uma tendência a uma determinada visão de mundo. Sem sombra de dúvida, a casa da criança, onde meninos e meninas entram na infância ou iniciam a adolescência e permanecem até a aproximação da idade adulta, oferece uma forma de educação mais perfeita... Na casa da criança, podemos criar, sem circunstâncias que atrapalhem, o tipo de ambiente educativo ao qual os professores de

Educação e ordem social

hoje aspiram. No entanto, nos externatos comuns, em razão da força superior da casa e de outras influências externas, com frequência somos impotentes.

As aspirações do governo soviético são explicitadas por essas passagens, mas, no momento, não são mais do que aspirações, e somente 4% ou 5% das crianças em idade pré-escolar frequentam algum tipo de instituição. A educação universal obrigatória, na atualidade, limita-se a quatro anos, dos 8 aos 12, que são passados na escola primária.

Durante todo o período de educação, seja ele longo ou curto, a escola russa difere da escola de outros países por ser muito menos acadêmica, muito menos concentrada na transmissão de conhecimento. "O conhecimento não deve ser a meta; mas, antes, o produto natural e incidental de uma organização claramente definida da vida das crianças na escola. Na verdade, devemos fazer da nossa escola uma 'escola da vida'". "Em seu trabalho, a escola precisa estar estreitamente relacionada à realidade; deve-se dar um lugar de destaque ao trabalho produtivo: toda a estrutura da escola tem de promover o desenvolvimento dos instintos sociais e fornecer um treinamento socialista dos revolucionários comunistas do futuro." Na escola, as crianças não só têm aulas, como também fazem trabalho manual útil, na medida de sua força e habilidade; fazem isso não só como educação, mas também como parte do dever de cidadão. Pinkevitch fala do "tremendo papel social e político do trabalho na escola... Enquanto o trabalho for considerado utilitário ou valioso do ponto de vista do treinamento motor, não teremos uma escola que mereça o nome de socialista ou comunista. Nosso aluno deve se sentir como operário e membro de uma sociedade trabalhadora". Essa é uma das características mais importantes da educação russa.

Pinkevitch não dá tantos detalhes quanto gostaríamos sobre o tipo exato de trabalho que as crianças realizam, nem de quantas horas do currículo ele ocupa. Afirma ele: "As ocupações regulares na produção real na fábrica ou na usina fazem parte do trabalho manual da escola, pois estão estreitamente articuladas com o programa de ensino". Em distritos rurais, o trabalho nas fazendas toma o lugar do trabalho em fábricas. Em relação a isso, Julian Huxley afirma, com razão:[1]

> Há muito mais o que dizer sobre essa associação das escolas rurais às fazendas do que sobre a relação entre escolas urbanas e fábricas. A agricultura é um assunto amplo, ao passo que cada fábrica lida com apenas um ramo especializado da indústria; a agricultura é muito mais adjacente à vida rural do que a indústria à vida urbana. E a incorporação da escola à fazenda como parte integrante de uma única instituição é boa do ponto de vista educacional.

Entretanto, esse ponto de vista é radicalmente diferente daquele dos educadores soviéticos, que veem o trabalho de crianças em idade escolar como uma disciplina moral. Segundo Pinkevitch: "Embora o estudo seja uma necessidade, o ensino de atividades da vida prática é igualmente determinante. Em uma escola de trabalho socialista, essas atividades devem ser sociais e, portanto, úteis... Devemos considerar o trabalho socialmente útil como um trabalho de caráter social que é útil

---

[1] *A Scientist Among the Soviets*, p.102.

Educação e ordem social

para a escola e seus alunos ou um trabalho da escola que é útil para a comunidade circundante? Em nossa forma de pensar, o significado completo do problema depende da aceitação da segunda interpretação". Ou seja, o trabalho das crianças tem de ser o trabalho comum e necessário, não um trabalho especial selecionado em razão de seu valor educacional.

O trabalho socialmente útil na escola se divide em dois departamentos principais: o primeiro, constituído por agitação e propaganda, e o segundo, por trabalho prático. Em relação ao primeiro departamento, as crianças devem agitar em uma grande variedade de tópicos – pelo rodízio de cultivos, pelos candidatos "mais dignos" em eleições, contra a religião, a malária, os percevejos, o fumo e a ebriedade. O trabalho prático possui uma diversidade semelhante. As crianças devem se envolver na desinfecção de cereais com formalina, no combate a desbarrancamentos por meio da plantação de árvores, na instalação de luz elétrica nas casas dos camponeses, na distribuição de literatura eleitoral, na leitura de jornais para analfabetos, no extermínio de parasitas e na ajuda a viúvas carentes.

A escola soviética busca não só entender o mundo, como também transformá-lo; seu propósito, segundo Pinkevitch, é "a reconstrução do mundo de acordo com a teoria de Marx". Todo o conceito de cognição passiva é excluído do sistema; é preciso lembrar disso para que o sistema seja julgado de forma justa.

Acredito que foi na qualidade de russos, não de marxistas, que os participantes da 35ª Conferência Pan-Russa sobre Educação Pré-Escolar adotaram a seguinte resolução: "A música tem de permear totalmente a vida da criança. Deve haver música durante o trabalho, música durante a brincadeira e música durante os feriados. O professor precisa levar em conta a criatividade pessoal da criança e, organizando uma orquestra e um coro, fornecer a ela as experiências musicais necessárias". Isso é admirável, mas não consigo acreditar que uma revolução comunista tornaria os ingleses igualmente musicais.

A mentalidade belicosa, necessária na Rússia devido à hostilidade dos outros países ao comunismo, introduziu na educação diversas características muito semelhantes às que o patriotismo produziu em outros lugares. Os "Jovens Pioneiros" são uma cópia dos Escoteiros, e têm leis e promessas semelhantes. Suas leis são:

1. O Pioneiro é fiel à causa da classe trabalhadora e aos pactos de Lênin.
2. O Pioneiro é irmão mais novo e auxiliador do Komsomol e comunista.
3. O Pioneiro é camarada dos Pioneiros e dos filhos dos trabalhadores e camponeses do mundo.
4. O Pioneiro organiza as crianças ao redor e participa com elas da vida em seu ambiente: o Pioneiro é um exemplo para todas as crianças.
5. O Pioneiro busca conhecimento. Conhecimento e habilidade são poder na luta pela causa operária.

Os Pioneiros também fazem um pomposo juramento:

Eu, Jovem Pioneiro da União Soviética, na presença dos meus camaradas, prometo solenemente que: (1) defenderei com firmeza a causa da classe trabalhadora na luta pela libertação dos operários e camponeses do mundo; (2) cumprirei honrada e resolutamente os pactos de Lênin e as leis e costumes dos Jovens Pioneiros.

Educação e ordem social

Embora nos afirmem de forma explícita que o governo soviético não acredita na educação "moral", há um sabor distinto de moralidade – ou até mesmo de esnobismo – nessas leis e promessas. A imagem do Jovem Pioneiro que busca conhecimento e é exemplo para todas as crianças lembra os livros infantis piedosos da minha juventude.

Para os que deram ouvidos à propaganda reacionária, será uma surpresa constatar que a atitude soviética em relação à educação sexual está longe de ser extremista. Segundo Pinkevitch: "O papel do professor e do pai ou da mãe é proteger a criança contra a estimulação indevida do interesse sexual". A energia dos jovens "deve ser direcionada à cultura física, aos esportes atléticos, ao trabalho manual, à atividade intelectual, ao movimento dos Pioneiros e a todas as formas de trabalho social que demandam um nível considerável de força física. Se a força da criança for despendida normalmente nessas tarefas, não restará força para o desenvolvimento hipertrófico dos impulsos sexuais". O ensino misto é visto com bons olhos, como uma forma de atenuar a atração sexual entre meninos e meninas. As informações sobre assuntos sexuais não devem ser excessivas, pois, caso sejam, "o único resultado possível é a estimulação de uma atitude insalubre e – pode-se supor – insuficientemente casta quanto à relação sexual". Ele repudia a sugestão de que as crianças precisam observar o coito de cães, galinhas, bovinos e cavalos e afirma: "Se as questões sexuais não forem selecionadas para receber ênfase especial, a atenção das crianças e adolescentes não se fixará nelas". Ele sustenta que as questões sexuais devem se subordinar a "outros problemas mais interessantes e importantes". Tudo isso pode (ou não) ser sensato, mas não apresenta nada que possa ser atribuído à revolução. Exceto pela defesa do ensino misto, que dificilmente pode ser considerada subversiva, as opiniões expressas são substancialmente compatíveis com as dos diretores escolares ingleses.

Não é fácil estimar as perspectivas da educação no comunismo a partir da prática atual na Rússia. Há aspectos importantes em que as intenções do governo ainda não foram concretizadas e, além disso, a questão mais importante, da mentalidade belicosa produzida pelo conflito mundial entre capitalismo e comunismo, que domina de tal forma as escolas a ponto de dificultar a previsão sobre como seria o seu desenvolvimento se o comunismo saísse vitorioso em toda parte. Eu mesmo não vou à Rússia desde 1920, quando não se havia feito muita coisa. Nessa época, vi jardins de infância em que as crianças eram felizes e os cuidados físicos eram excelentes, mas elas ficavam expostas a uma propaganda intensiva assim que aprendiam a falar. Vi escolas para meninos mais velhos que faziam o melhor que podiam, apesar da aterradora falta de equipamentos. Conversei com professores universitários cuja posição estava longe de ser aceitável. Entretanto, essa experiência tem pouca utilidade em razão dos desdobramentos subsequentes – em relação aos quais, por outro lado, tive a vantagem de receber relatos em primeira mão.

Na atualidade, parece haver pouca diferença entre as escolas russas e as ocidentais em relação à religião e ao sexo. A religião que se ensina não é a mesma, mas é ensinada com o mesmo dogmatismo. Na Rússia, assim como no Ocidente, há premissas em que se deve acreditar cegamente, sem sujeitá-las ao escrutínio crítico. É verdade que, diferentemente da religião dos países cristãos, a religião russa é aceita com entusiasmo pela

Educação e ordem social

maioria dos jovens que são expostos a ela e se torna a base de suas vidas. É verdade que pessoas inteligentes podem considerar a religião russa como um meio para a criação de um mundo melhor e podem aceitar seus dogmas, pelo menos com pragmatismo, sem abdicação intelectual. Nesses aspectos, o marxismo tem agora a vantagem que o cristianismo tinha quando era jovem; porém, poderia manter essas vantagens caso se consolidasse e saísse vitorioso? Está associado, no momento, à esperança e à atividade proveitosa devido à existência de um vasto país meio vazio e maduro para o desenvolvimento econômico. A América já esteve nessa condição e, em seguida, foi protagonista da democracia. Naquela época, todos os europeus progressistas se entusiasmaram com a América e a democracia, às quais atribuíam virtudes que, vemos agora, foram relacionadas à existência de um continente aguardando para ser explorado. Um acidente geográfico semelhante opera agora a favor do comunismo, e devemos descontar o seu efeito para poder estimar os resultados que o comunismo poderá ter em países economicamente desenvolvidos, nos quais dificilmente poderá dar origem ao otimismo prolongado que caracteriza a Rússia nos anos recentes.

Se o dogma marxiano permanecer tão virulento quanto é atualmente, com o tempo deverá se tornar um grande obstáculo ao progresso intelectual. Já há aspectos da ciência moderna que os comunistas têm dificuldade de conciliar com a sua teologia – por exemplo: os pontos de vista relacionados ao átomo que a teoria quântica originou. A opinião de que tudo no caráter humano possui causas econômicas pode entrar em conflito com a ciência a qualquer momento. Por exemplo: o ancilóstomo reduz a energia do doente em países quentes; nessa questão, o fator decisivo é o clima, não a economia. Além disso, toda a filosofia marxiana se concentra tanto na luta de classes que ela se torna vaga e indefinida ao contemplar o mundo sem classes que busca criar. Se um marxismo dogmático vencedor tomasse o lugar do cristianismo, poderia ser um obstáculo ao progresso científico tão grande quanto o cristianismo.

Mas parece improvável que a filosofia atualmente associada ao comunismo mantenha a sua força caso o comunismo saia vitorioso. O comunismo é, em si, apenas um sistema econômico, que deve ser julgado em seus aspectos econômicos e políticos. Do ponto de vista lógico, a doutrina do materialismo dialético e a interpretação econômica da história não são partes necessárias da teoria comunista. Se o comunismo como sistema econômico deixasse de ser desafiado, não haveria a mesma necessidade de supressão da heresia: sem dúvida, Marx e Lênin ainda seriam venerados, mas se descobriria que as suas palavras foram deturpadas. O dogmatismo nos dias de hoje é um incidente na luta, e podemos esperar que ele se desvaneça gradualmente caso a luta seja bem-sucedida.

Considerações semelhantes se aplicam ao conflito de classes. Como vimos, a educação em países capitalistas sofre a dominação dos ricos, e a educação na Rússia padece, por sua vez, da dominação do proletariado. Ensina-se os filhos dos proletários a desprezarem os filhos dos "burgueses", e os jovens de origem "burguesa" têm mais dificuldade que os outros de obter ensino superior. Mas, em uma geração, esse problema terá desaparecido, já que só haverá crianças proletárias.

Em relação ao futuro, a abolição da família na prática será uma questão mais grave. Deve-se esperar que, quando os fundos permitirem, o governo soviético faça com que uma quantidade

Educação e ordem social

cada vez maior de crianças receba toda a sua educação em instituições e tenha pouco ou nenhum contato com seus pais. As vantagens e desvantagens desse sistema foram abordadas em um capítulo anterior, e não irei repeti-las; porém, para o bem ou para o mal, essa é provavelmente a característica mais importante na educação comunista totalmente desenvolvida.

Há várias características em que a educação no comunismo já é preferível a qualquer educação possível em países capitalistas. Uma delas é a atenuação da competição e a substituição do trabalho individual por atividades em grupo. É verdade que escolas progressistas isoladas podem tentar essa educação em lugares como a Inglaterra e a América, mas são prejudicadas pela necessidade de preparar as crianças para as provas e para as lutas competitivas da vida adulta. Além disso, as crianças educadas em escolas excepcionais estão propensas a ter dificuldade de se adaptar ao ambiente – uma dificuldade que talvez valha a pena enfrentar, mas da qual as crianças russas estão livres. Uma escola que busca criar um ambiente peculiar tem de ser mais ou menos isolada do mundo comum, algo que é lamentável inclusive quando necessário. Na Rússia, a competição é eliminada não só da escola, mas também da vida diária, o que possibilita a criação de um espírito cooperativo desconhecido no Ocidente.

A participação da escola no trabalho comum do mundo, apesar dos perigos que traz, tem vantagens que, a meu ver, superam todas as possíveis desvantagens. Atualmente, há demasiada propaganda no trabalho que se espera que as crianças façam: elas são transformadas, em uma idade precoce, em missionárias da fé comunista. É inevitável que isso induza a certa petulância e a uma autoconfiança indesejável. Mas é bom que os jovens sintam fazer parte da comunidade e tenham o sentimento de que precisam ser úteis na medida de suas capacidades. Os educadores progressistas do Ocidente costumam, acredito eu, gerar prepotência na criança e permitir que ela se sinta como um pequeno aristocrata a quem os adultos têm de servir. Isso faz que, ao crescer, ela se torne anarquista, impaciente com as restrições da vida social. A educação russa está livre desse defeito: faz a criança se sentir, desde o início, que é uma unidade na sociedade e tem um dever para com a comunidade. Desse modo, a criança se sente assim não tanto por preceito, mas pela ordem de suas atividades. Essa parte behaviorista da educação moral na Rússia é admirável e tem, caso se possa acreditar nos testemunhos, a consequência de que até mesmo os mais capazes dos jovens se sintam parte da comunidade – e não, como acontece com frequência no Ocidente, como unidades isoladas que se tornam frívolas por desespero ou predatórias por ceticismo. O comunismo descobriu uma disciplina moral que os jovens modernos podem aceitar e um modo de vida no qual eles podem ser felizes. Os países capitalistas consideram esse problema insolúvel, pois as asneiras são indispensáveis para a preservação de suas instituições.

Para o intelectual educado na rica e complexa cultura de uma civilização antiga, há – deve-se confessar – algo de raso e quase intoleravelmente monótono na perspectiva comunista. A prática de remeter todas as questões, por mais remotas que sejam, à luta de classes vulgariza tudo e destrói o prazer da habilidade mental. Qualquer ilustração proveniente da ciência pura servirá para evidenciar o que quero dizer; considere, por exemplo, os métodos pelos quais são estimadas as distâncias das estrelas e nebulosas distantes. Esses métodos são uma obra-prima da engenhosidade e do raciocínio meticuloso

Educação e ordem social

combinada à observação precisa. Até onde eu sei, pouco importa para a luta de classes se a distância de uma determinada estrela é 100 ou 1.000 anos-luz, mas o fato de que os homens possam decidir qual dessas alternativas está mais próxima da verdade aumenta o nosso respeito pela raça humana. Não estou sugerindo que o comunismo vetaria a pesquisa astronômica, mas que a sua filosofia – caso se acredite genuinamente nela – atrofiaria o impulso da curiosidade científica que leva o homem a essas pesquisas. A pesquisa marxiana conduz a uma ênfase equivocada. A obra de Newton, por exemplo, pode ter tido toda espécie de causas econômicas, mas a obra em si é muito mais interessante e importante que suas causas. A economia, afinal de contas, está relacionada ao problema da sobrevivência; se esse problema fosse resolvido de maneira satisfatória, como pode ser por meio do comunismo, precisaremos de outro assunto para pensar e de algum novo princípio de interpretação da história futura. A simplicidade é um mérito em um *slogan*, mas não em uma filosofia.

Tudo o que é planejado deliberadamente está propenso a sofrer de simplicidade indevida, que leva à monotonia, e até mesmo a uma espécie de insanidade causada por ouvir perpetuamente o tocar da mesma nota. Pode ser que a vida em si evite esse perigo; de qualquer forma, na Rússia, há tanto legado anterior à revolução que o planejamento comunista não poderá introduzir a simplicidade indevida durante muitos anos no futuro. Mas, na educação, se não houvesse tarefas óbvias e interessantes a realizar, o perigo da simplificação excessiva seria muito real. O mundo é mais rico e variado do que a fórmula marxiana. Uma geração confinada à filosofia de *O capital* pode ser útil, feliz e formidável, mas não pode ser sábia, nem saber que não o é; intelectualmente, será arrogante e rasa. Mas, ao afirmar isso, faço-o do ponto de vista da filosofia, não da política.

Em termos políticos (no sentido mais amplo), acredito que o nosso veredito deva ser diferente. O comunismo oferece uma solução para o difícil problema da família e da igualdade entre os sexos – uma solução que pode nos desagradar, mas que, de qualquer forma, fornece uma saída possível. Dá às crianças uma educação da qual a ideia antissocial da competição foi quase eliminada por completo. Cria um sistema econômico que parece ser a única alternativa praticável àquela dos mestres e escravos. Ele destrói a separação entre a escola e a vida, à qual a escola deve sua origem monástica e em função da qual o intelectual do Ocidente vem se tornando um membro da sociedade cada vez mais inútil. Oferece a homens e mulheres jovens uma esperança que não é quimérica e uma atividade de cuja utilidade não há dúvida. E, caso conquiste o mundo, como é possível, resolverá a maioria dos males do nosso tempo. Com base nisso, apesar das reservas, merece apoio.

14.
Educação e economia

Nos capítulos anteriores, constatamos várias características que merecem crítica na educação pública tal como existem atualmente nos países ocidentais. Há quem sustente que tudo o que está errado na educação – ou em qualquer coisa – tem sua origem em um sistema econômico ruim. Eu mesmo não acredito nisso; tendo à opinião de que, em qualquer sistema econômico, haverá certo grau de burrice e certo grau de amor ao poder, e essas características comprometerão a criação de um sistema educacional perfeito. Não obstante, não há dúvida de que a influência de fatores econômicos na educação é profunda e nem sempre superficialmente óbvia. Neste capítulo, tratarei de isolar o fator econômico na educação em diversas épocas e em vários países.

A educação europeia, quando reviveu após a Idade das Trevas, era prerrogativa do sacerdócio e, até hoje, traz características atreladas à sua origem eclesiástica. Antes da Renascença, a aristocracia leiga tinha, em geral, pouco conhecimento, mas o clero, em particular o clero regular, não raramente possuía uma erudição considerável. Um ligeiro conhecimento de latim era uma necessidade profissional, mas esse mínimo não fazia muita diferença. Foi sobretudo o contato com os mouros, particularmente na Sicília e na Espanha, que provocou o reavivamento da aprendizagem nos séculos XI, XII e XIII. Embora esse contato tivesse, é claro, causas que eram, em grande parte, econômicas, seu efeito sobre a aprendizagem deve ser atribuído sobretudo à curiosidade intelectual desinteressada da parte de um número bem reduzido de indivíduos.[1] A filosofia escolástica e, em geral, a aprendizagem medieval se deveram ao entusiasmo de uma minoria de eclesiásticos, a maior parte deles obtendo pouca vantagem pecuniária com seus trabalhos, e muitos até caindo em descrédito pela ousadia de suas especulações. A existência de monges e frades era necessária para o movimento, mas a sua causa primária foi a mera sede de conhecimento.

Pode-se afirmar o mesmo acerca da educação de leigos aristocráticos, que começou um pouco mais tarde. O imperador Frederico II, com quem é possível dizer que a cultura secular começou, esteve em contato com os maometanos desde a mais tenra juventude e foi devorado por uma curiosidade insaciável sobre tudo o que fosse verificável. O reavivamento dos gregos na Itália no século XV e a cultura cortesã que de lá se disseminou para as nações setentrionais devem ser atribuídos, em seu princípio, ao amor à aprendizagem pela aprendizagem. É verdade que essa motivação logo submergiu: o conhecimento de latim e de um pouco de grego se tornou a marca do cavalheiro e foi impingido aos meninos, levando os homens a deixar de

---

1 Consulte *The Legacy of Israel* (Oxford University Press), de vários autores, p.204 e seguintes.

Educação e ordem social

apreciá-lo. No entanto, inclusive naquela época, a motivação para a aquisição da aprendizagem clássica era esnobe em vez de econômica: nenhum proprietário de terras deixaria de receber o seu dinheiro se não adquirisse cultura. O aristocrata, assim como o monge, era um homem do ócio e podia, se quisesse, aprender por prazer, sem nenhum propósito utilitário.

Embora a ideia de conhecimento como algo desejável em si mesmo ainda persista nas universidades e entre alguns filósofos retardatários (entre os quais me incluo), ocorreram várias coisas que mudaram por completo a visão atual quanto à função da educação. Dentre esses acontecimentos, o mais importante é o estabelecimento da instrução obrigatória. Constatou-se que meninos e meninas poderiam se tornar cidadãos melhores e trabalhadores mais eficientes se soubessem ler e escrever. É verdade que, ao buscar esse objetivo, a tradição escolar atrapalhou os estadistas: a educação no ensino fundamental é quase totalmente livresca, embora se possa dizer que um treinamento semiprático teria servido melhor aos propósitos dos estadistas. Nesse aspecto, a educação russa está bem mais adaptada à idade. Não obstante, as escolas de ensino fundamental têm, em geral, feito o que se esperava delas; agora, em todos os países civilizados, são um dos instrumentos essenciais do governo.

O crescimento da ciência e da indústria é outro fator que tende a uma visão utilitária da educação. Atualmente, os processos técnicos exigem conhecimento científico, e novas invenções são uma fonte tanto de riqueza quanto de grandeza nacional. Também nesse aspecto, as tradições de uma época passada impedem a total adaptação à necessidade atual, com exceção da Rússia. Se a educação fosse de todo regida por questões utilitárias, o lugar da ciência e da técnica industrial seria muito maior, e o da cultura literária, mais reduzido. Embora isso ainda não tenha acontecido de forma cabal, vem se mostrando gradualmente e, em pouco tempo, terá se dado de forma completa.

Pode-se lidar com a influência de causas econômicas na educação em cinco tópicos, que abordaremos sucessivamente.

Primeiro: de acordo com as circunstâncias econômicas de um Estado, a quantia que ele pode despender com a educação varia. Não fosse o enriquecimento das nações ocidentais por meio da Revolução Industrial, a educação universal obrigatória teria sido impossível. Nenhum país jamais teve um respeito maior pelo conhecimento do que a China (antes que os chineses adotassem padrões ocidentais), mas ela não era suficientemente rica para ensinar leitura e escrita para mais de 5% da população. Na Inglaterra de 1780, ou até mesmo de 1830, teria sido muito difícil impor uma nova tributação que fosse suficiente para proporcionar estudo para todos. Nos nossos dias, ainda se considera impossível fornecer jardins de infância, com exceção de alguns casos excepcionais. Por outro lado, não se acredita que a elevação da idade em que se deixa a escola agrave as dificuldades econômicas. Devido ao desemprego e ao protecionismo, homens práticos concordaram que o trabalho de todos empobrece os demais e, portanto, é benéfico para a comunidade manter alguma parte dela afastada do emprego produtivo. Com base nisso, acredita-se que todos seríamos mais ricos se as crianças ficassem mais tempo na escola. Na Inglaterra, o obstáculo à elevação da idade escolar não é econômico, mas teológico: as seitas não conseguem chegar a um acordo quanto à marca de superstição com a qual os meninos e meninas deveriam sair ao mundo.

Educação e ordem social

Segundo: um dos propósitos da educação é aumentar a produção total. Provavelmente era esse o principal estímulo nas mentes daqueles que introduziram pela primeira vez a educação universal; não há dúvidas de que é uma motivação sensata. Uma população capaz de ler e escrever é mais eficiente do que uma incapaz. No entanto, o estímulo de maximizar a produção opera ainda mais diretamente na promoção da educação técnica, da instrução científica e da pesquisa. O governo britânico despende muito menos dinheiro em pesquisa do que faria se fosse motivado por um cálculo financeiro sensato, pois a maioria dos funcionários públicos teve uma educação clássica e desconhece tudo aquilo que um homem moderno deve saber. Considere, por exemplo, a pesquisa médica. O cidadão médio é uma despesa para a comunidade no início e no fim de sua vida, mas dá lucro durante seus anos de trabalho. Crianças que morrem implicam um grande prejuízo econômico; portanto, a diminuição da mortalidade nos primeiros anos é um ganho para o Estado. Ou, mais uma vez, considere uma questão como a entomologia econômica, que tem uma importância decisiva em muitos ramos da agricultura: a escassez do gasto público nessa seara precisa ser considerada um capricho excêntrico. Nem digo nada acerca dos ramos da pesquisa industrial mais óbvios e com maior publicidade, como tinturas sintéticas, altos explosivos, gases venenosos etc. – alguns úteis, outros inúteis. Até agora, a utilidade do conhecimento científico não é percebida nem mesmo pela maioria das pessoas consideradas educadas; quando o for, poderemos esperar doações maiores para a ciência e um lugar de maior destaque para a ciência no currículo das escolas de ensino médio.

Terceiro: o sistema de distribuição tem um efeito profundo sobre a educação, muito maior que o efeito dos dois fatores que consideramos até agora. O sistema de distribuição determina a divisão da comunidade em classes, e onde quer que elas existam, classes diferentes receberão tipos de educação diferentes. Em uma sociedade capitalista, os assalariados obtêm menos educação, e aqueles que buscam entrar em um ofício de gente erudita conseguem mais, ao passo que uma quantidade intermediária é considerada adequada para aqueles que serão "cavalheiros" ou homens de negócios. Via de regra, um menino ou uma menina pertence à mesma classe social de seus pais. Porém, aqueles que ganham bolsas de estudo por capacidade excepcional podem ascender da classe assalariada a profissões liberais. Por esse meio, na Inglaterra, os melhores cérebros nascidos na classe assalariada são politicamente esterilizados e, comumente, deixam de estar do lado que lhes caberia em razão do seu nascimento. Essa fluência de classes diferencia uma sociedade plutocrática de uma sociedade aristocrática; é um dos motivos pelos quais as plutocracias são menos propensas a revoluções do que as aristocracias.

O sistema econômico que seus oponentes chamam de "capitalismo" é complexo e, para os nossos propósitos, cabe ser submetido a certo grau de análise. Eu diria que há três principais fontes de riqueza no mundo moderno fora da URSS. A primeira, a propriedade de terra e monopólios naturais; a segunda, a herança na família patriarcal; e a terceira, o empreendimento empresarial. As três não estão inseparavelmente ligadas; Henry George desejava abolir a primeira, deixando intactas a segunda e a terceira; no sacerdócio católico secular, a primeira existe e a terceira pode existir, mas a segunda é eliminada; certos antissemitas, a julgar por suas diatribes, preservariam a primeira e a segunda, mas destruiriam a terceira. Creio que a propriedade

Educação e ordem social

de terras e a herança, ambas sobreviventes do regime aristocrático, estão muito mais abertas à crítica socialista do que o empreendimento empresarial; nos locais onde este último é a única fonte de sucesso – como no caso de Henry Ford, por exemplo –, é de se questionar se é mais maléfica do que benéfica para a comunidade como um todo. Além disso, decerto a ideia de classe, tal como entendida de modo geral, é impossível, exceto por herança. Na educação em particular, o importante é que os filhos dos ricos têm uma educação diferente daquela que é oferecida aos filhos dos assalariados. Na América, onde a plutocracia é menos afetada do que na Europa pelos vestígios restantes da aristocracia, o empreendimento empresarial é comumente representado como a principal fonte de riqueza. Isso tem uma influência sobre a mentalidade dos jovens; é bem diferente da influência que ocorre em uma sociedade em que a propriedade de terras e a herança são as fontes de riqueza socialmente proeminentes. Enfatiza o esforço individual e, nesse aspecto, é boa; porém, é uma ênfase no esforço sob a forma de competição e, nesse sentido, é antissocial. Em um sistema econômico mais justo, não haveria competição como a de hoje, nem haveria as classes como as conhecemos. É verdade que ainda poderia haver alguma espécie de competição e, em certo sentido, classes diferentes. Entretanto, a espécie e o sentido seriam muito distintos daqueles com os quais estamos acostumados. Em uma sociedade comunista, haveria posições de poder e posições em que o trabalho seria inabitualmente agradável. Em certo sentido, os ocupantes dessas posições formariam uma classe mais alta do que os ocupantes de posições de menor poder e trabalho desagradável. Seria de se presumir que haveria competição para obter os postos de maior poder e trabalho mais agradável. Mas, em um mundo sem herança e poder paterno, cada indivíduo competiria somente com seus próprios méritos, e não com a vantagem injusta de oportunidades educacionais melhores. Se ele obtivesse uma educação melhor que a do seu próximo, seria por ter se mostrado mais qualificado para recebê-la, não em razão da riqueza do seu pai. Portanto, fosse qual fosse a justificativa para as classes em uma sociedade assim, em cada caso, ela estaria fundamentada no mérito individual intrínseco. Um grande violinista, por exemplo, sempre seria superior a um medíocre e será mais honrado mesmo se não obtiver um pagamento melhor. Esse grau de desigualdade e competição é inevitável. A desigualdade está arraigada na natureza das coisas, e a competição é necessária para que o trabalho difícil seja realizado pelos homens mais competentes. É por isso que o problema da educação em excesso, abordada em um capítulo anterior, é difícil. Mas a competição educacional será bem menos intensa do que é hoje em dia quando todos tiverem igualdade e segurança econômicas, não somente para si próprios, mas também para seus filhos. A desigualdade e a insegurança são o que tornam a competição tão amarga na atualidade; quando esses elementos forem removidos, seu ferrão será retirado.

Em relação ao patriotismo, embora existam outras razões, há uma ligação à propriedade privada, embora não seja imediatamente óbvia e não exista na consciência da maioria dos indivíduos. É uma ligação indireta, causada pelas formas mais predatórias de capitalismo. Do ponto de vista do investidor, países não desenvolvidos têm duas utilidades: como mercados e como fontes de matéria-prima. Em ambos os aspectos, são mais lucrativos quando estão sob o controle do Estado ao qual

Educação e ordem social

o investidor pertence. O capital francês encontra um campo de investimento lucrativo no norte da África; o capital britânico, na Índia, e o capital americano, na América Central. Assim sendo, o investidor que pensa em pôr seu dinheiro fora de seu país se interessa pelo imperialismo – se não territorial, pelo menos econômico – e constata que, por meio da propaganda patriótica adequada, uma parte considerável das despesas de sua empresa pode ser transferida para os ombros do contribuinte. Essa é a fonte da maior parte do patriotismo das nações poderosas, embora os cidadãos que bradam pela bandeira, em geral, não tenham consciência das forças sinistras que os levaram a fazer isso. O nacionalismo das nações mais fracas é uma defesa contra o das nações predatórias. Contanto que estejam resistindo à exploração em vez de praticá-la, no momento estão em uma posição moral melhor que a das nações mais fortes. Porém, os sentimentos gerados em uma nação fraca que luta pela independência são de tal natureza que, assim que se vence a luta, adquirem todos os vícios que anteriormente reprovavam em seus opressores. A Polônia, depois de quase duzentos anos de sujeição, adquiriu liberdade, mas não viu motivos para não repassar aos ucranianos os fardos que antes os poloneses suportavam. O nacionalismo é nefasto por princípio e não deve ser admirado, nem mesmo em nações que lutam pela liberdade. Isso não significa que as nações não devam resistir à opressão. Significa que devem fazê-lo de um ponto de vista internacional, em vez de meramente interno. Os males do nacionalismo, seja em nações fortes ou fracas, estão ligados à propriedade privada. Relacionam-se à exploração ou à resistência à exploração. Portanto, é razoável supor que, se o capitalismo privado fosse abolido, o papel sinistro desempenhado atualmente pelo nacionalismo na educação diminuiria de maneira considerável, ainda que não desapareça por completo.

O quarto tópico da nossa análise quanto ao efeito das causas econômicas sobre a educação é o efeito das doações. Onde quer que exista liberdade de disposição testamentária, um homem pode doar sua propriedade para qualquer objetivo que não seja considerado contrário à política pública. Até pouco tempo atrás, não havia heranças doadas para a propagação do racionalismo na Inglaterra, sob a justificativa de que o racionalismo é contrário à política pública de um país cristão; isso agora mudou. Embora doações para objetivos progressistas não sejam ilegais, é inevitável que as doações sejam, em geral, uma força conservadora. Simbolizam os desejos dos mortos – muitas vezes, mortos há séculos. As Igrejas, as universidades mais antigas e muitas escolas dependem, em maior ou menor grau, de doações antigas. Na América, as doações são, em grande parte, recentes; porém, quando o são, vêm de eminentes plutocratas, necessariamente conservadores e em geral incultos. Têm, portanto, um efeito considerável como modo de retardar os movimentos progressistas na educação. É menos provável que o presidente de uma universidade, cujos professores são suspeitos de radicalismo, garanta doações de capitães de indústria filantrópicos do que um presidente cujos colegas apresentem uma frente inquebrável a favor do *status quo*.

As doações têm uma influência considerável para fazer o lado religioso da educação ser mais conservador do que seria de outra forma. A relação entre a religião e a propriedade privada surge pelo fato de que os homens deixam seu dinheiro para organizações religiosas, e isso garante, durante séculos após a sua morte, a propagação da marca específica de superstição

Educação e ordem social

na qual acreditavam. É verdade que, na Inglaterra e na Escócia, isso pode ser alterado pela legislação. Na época da Reforma, a propriedade que foi deixada pelos piedosos da Idade Média foi desviada do seu propósito original para o ensino do anglicanismo. Quando se decidiu judicialmente que a propriedade das Igrejas Livres da Escócia pertencia, por lei, aos seus fiéis, conhecidos como Wee Frees, a lei foi alterada para que as doações de presbiterianos preconceituosos pudessem ser usadas para ensinar doutrinas das quais a predestinação havia sido abolida. No entanto, na América, a Constituição proíbe essa legislação. Se você deixar o seu dinheiro para uma instituição dedicada à doutrina de que os habitantes do Kentucky são as Dez Tribos Perdidas, o dinheiro não poderá ser desviado desse uso. E, na Inglaterra, embora o desvio seja possível, ele é raro. A Igreja Anglicana e a Igreja Católica Romana são organismos abastados, cuja renda está disponível apenas para aqueles que professam doutrinas adequadas. Assim, há uma enorme motivação econômica para defender as mesmas opiniões que eram defendidas por ancestrais remotos. Para todo progresso intelectual há uma penalidade econômica: quando Colenso descobriu que lebres não ruminam, seu salário foi cortado.

Não há dúvida de que, se as doações religiosas não existissem, as coisas mudariam com muito mais velocidade. Mesmo da maneira como estão, mudam mais rapidamente de fato do que de forma. Há muitas coisas em que os clérigos anglicanos têm de dizer que acreditam, embora possam fazer a ressalva de ser apenas da boca para fora. Ninguém pensará mal deles por causa disso. Algumas partes do corpo do dogma cristão têm vida em algumas épocas; outras partes, em outras épocas. No momento atual, por exemplo, a maioria dos cristãos considera

185

que as observações de Cristo sobre o assunto do divórcio devem ser interpretadas literalmente, ao passo que as suas palavras acerca de questões como não resistência, abster-se de jurar e dar suas propriedades aos pobres devem ser interpretadas em sentido figurado, como se significassem o contrário daquilo que afirmam. Mas a questão de quais partes do ensino de Cristo um cristão pode aceitar é complicada, e não continuarei com esse assunto.

O quinto tópico na nossa análise das influências econômicas sobre a educação é a tradição. Não me refiro à tradição em geral, que é uma questão bem mais ampla. Refiro-me à tradição derivada de alguma causa econômica que operava no passado e que, no presente, deixou de operar. A moral sexual, que costuma ser muito conservadora, é a melhor ilustração desse fator. No passado, quando o mundo era menos populoso e a mortalidade infantil era alta, o fato de se ter muitos filhos era um serviço público prestado pelos casais. Até que a educação e a proibição do trabalho infantil transformassem as crianças em fontes de despesas, frequentemente elas eram uma vantagem pecuniária para seus pais. O sentimento contrário ao aborto e ao controle de natalidade tinha, naquela época, uma justificativa econômica sensata que hoje em dia não tem, mas persiste porque foi associada à religião.

A família patriarcal teve, claramente, uma origem econômica, já que as mulheres não conseguiam caçar com êxito durante a gravidez e a lactação. Até pouco tempo atrás, elas tinham poucas oportunidades a uma vida independente e, portanto, eram obrigadas a depender de maridos ou parentes homens. A família patriarcal, que envolve o sustento das esposas e a descendência pela linha paterna, levou naturalmente

Educação e ordem social

à insistência na virtude das esposas, imposta por sanções éticas e religiosas muito severas e, em geral, em civilizações antigas, pela pena de morte para mulheres culpadas de adultério. Embora a penalidade jurídica tenha ficado mais leve e, por fim, desaparecido – a não ser em algumas regiões remotas, como o estado de Nova York –, a censura ética e religiosa permaneceu. Como vimos, essa parte do código convencional é incompatível – na prática, mas não em teoria – com a reivindicação de igualdade entre homens e mulheres. Nos locais em que elas podem ganhar a vida por conta própria, é impossível resistir à reivindicação de igualdade. Esforços frenéticos são feitos para impedir que mulheres casadas consigam emprego, mas não se deve supor que esses esforços terão sucesso permanente. Haverá também um número cada vez maior de formas de ganhar a vida em que as mulheres não precisarão ter uma virtude impecável do ponto de vista convencional. Portanto, o código moral existente está vindo abaixo em razão de causas econômicas. A queda nas taxas de natalidade, aliada ao militarismo, faz aumentar o interesse do Estado no bem-estar das crianças, já que, pelo ponto de vista do Estado, a morte de um homem antes de ter idade suficiente para ser morto no campo de batalha é um desperdício. Nos casos em que as causas econômicas combinam para diminuir a virtude das mulheres e aumentar a participação do Estado na manutenção das crianças, fica claro que a importância dos pais deve diminuir e, com ela, todos os sentimentos e preceitos morais relacionados à família patriarcal. Na atualidade, os pais e o Estado concordam que é bom ensinar às crianças uma perspectiva em questões sexuais que vem do passado e não está bem adaptada ao mundo do presente. Esse é um exemplo do conservadorismo de sentimento no que concerne ao sexo e à família. Esse conservadorismo é particularmente forte na educação, já que a maioria das pessoas acredita que o ensino de uma moralidade rígida em excesso não pode fazer mal nenhum aos jovens. Portanto, a educação tende a impedir que as sociedades se adaptem a novas necessidades com a devida rapidez e faz muitas mulheres e homens adultos sentirem aversão, derivada de seu treinamento anterior, de coisas que deveriam ser aceitas como naturais e esperadas. Portanto, embora causas econômicas tenham contribuído para a produção da moralidade sexual que é ensinada nas escolas, essas causas são coisas do passado e não têm justificativa nas necessidades econômicas do presente.

Embora, como vimos, causas econômicas ligadas à propriedade privada tendam a tornar a educação conservadora, pode-se questionar se seria menos conservadora no comunismo após o fim do período revolucionário. Nesse momento, estará sujeita a um controle burocrático totalmente unificado e, via de regra, os burocratas não são grandes entusiastas de mudanças. Talvez nesse momento haja menos necessidade de mudanças rápidas do que há agora; talvez a humanidade possa ser melhor durante um período de consolidação pacífica. Seja como for, a substituição da competição pela cooperação como ideal educacional permanecerá um avanço moral significativo, possibilitado apenas por uma alteração completa no sistema econômico. Somente com base nisso é legítimo esperar que a educação no comunismo produza homens e mulheres melhores do que aqueles que o Ocidente poderá produzir enquanto o sistema atual perdurar.

15.
Propaganda na educação

Pode-se definir "propaganda" como qualquer tentativa, por meio de persuasão, de recrutar seres humanos para o serviço de um grupo em qualquer disputa. Portanto, distingue-se da perseguição por seu método, que não utiliza força, e da instrução por sua motivação, que não é a disseminação do conhecimento, mas a geração de alguma espécie de sentimento de grupo. Pode se diferenciar da instrução somente pela motivação, pela possibilidade de consistir totalmente de informações precisas (embora isso seja excepcional); no entanto, até mesmo nesse caso, consistirá de informações inclinadas a um determinado lado, excluindo todas as tendências contrárias. Diferentemente da análise psicológica científica, tanto o panegírico quanto a invectiva são propaganda, embora a maioria dos homens tenha virtudes e defeitos suficientes que podem tornar ambos verdadeiros. De forma análoga, é possível escrever a história de uma nação de um ponto de vista amistoso ou hostil e, ao fazer isso, limitar-se a afirmações verdadeiras: a impressão transmitida ao leitor é incorreta, mas somente pelas omissões.

A propaganda tem seu papel em toda educação; nenhum adulto pode evitar a expressão de suas aversões e preferências, e qualquer manifestação desse tipo na presença dos jovens tem o efeito de propaganda. Para o educador, a questão não é se haverá propaganda ou não, mas quanto haverá, com qual nível de organização e de que tipo; e também se, em algum estágio durante a educação, deve-se tentar livrar, na medida do possível, meninos e meninas da influência da propaganda, ensinando-lhes métodos de chegar a juízos imparciais.

O papel da propaganda na educação vem aumentando continuamente desde a Reforma. Os primeiros a aperfeiçoarem a sua técnica foram os jesuítas, que, obtendo controle sobre a educação, consolidaram as conquistas da Contrarreforma. Entretanto, os protestantes não ficaram muito atrás; na Inglaterra, por exemplo, a Inquisição espanhola, as fogueiras de Smithfield e a Conspiração da Pólvora foram aproveitadas ao máximo. O século XVIII, em comparação com o anterior, foi pacífico e razoavelmente isento de propaganda até a eclosão da Revolução Francesa. As guerras do século XVIII, apesar de importantes em suas questões, não foram muito violentas e não impediram o respeito entre os combatentes. Contudo, o jacobinismo produziu um espírito mais austero na Europa, ao passo que, na longa luta contra Napoleão, os ingleses se tornaram insulares e os alemães, patrióticos. Desde essa época até a atualidade, o conflito entre progresso e reação se torna cada vez mais amargo, enquanto o nacionalismo tem um papel cada vez mais importante na vida de homens e mulheres comuns. Nos dias atuais, diversas nações, e até mesmo muitos grupos políticos dentro da mesma nação, estão completamente separados, não só por suas crenças, mas também por aquilo que sabem e que não

Educação e ordem social

sabem, pelos juízos de homens proeminentes e por suas esperanças e medos em relação ao futuro.

A propaganda é primeiro um efeito e, a seguir, uma causa das divisões existentes no mundo moderno. Antes da Reforma, havia certo grau de unidade na Europa; os hereges eram perseguidos, e não existia necessidade de propaganda no sentido moderno. Durante as guerras de religião, pelo contrário, a vitória ou a derrota poderia acionar o poder de fazer conversões. A vitória da França nas guerras revolucionárias se deveu, em grande medida, à energia e ao entusiasmo gerados pela propaganda jacobina. O socialismo e o comunismo foram construídos totalmente pela propaganda e, não fosse pela propaganda patriótica, as nações não teriam aturado os sacrifícios exigidos delas na Grande Guerra.

A educação universal aumentou imensuravelmente as oportunidades de propaganda. Não só a educação em si é propagandista em todas as partes, mas também o poder da leitura torna toda a população suscetível à influência da imprensa. Esse foi o principal motivo pelo qual a última guerra foi mais amarga que as anteriores. As pessoas que haviam aprendido a ler – e nada mais – poderiam ser influenciadas por histórias de atrocidades, ao passo que, em outros tempos, a maioria das pessoas ou não tinham educação ou tinham uma boa educação e, em ambos os casos, eram relativamente imunes. Como esse exemplo mostra, a propaganda adquiriu hoje uma importância que jamais teve.

São três as principais formas de propaganda: para partidos políticos, para credos e para nações. As primeiras não podem ser realizadas abertamente pelo Estado; entretanto, este pode envolver-se na propaganda contra partidos muito pequenos, como o Comunista, na Inglaterra e na América. Em geral, a propaganda para partidos políticos não é realizada no decorrer da educação. Evidentemente, a atmosfera de uma escola para ricos é conservadora, mas, de qualquer forma, as crianças cresceriam conservadoras. Por isso, não há grande necessidade de propaganda partidária. Credos e nações são considerados assuntos adequados para a propaganda em escolas. Os católicos romanos preferem que suas crianças estudem em escolas católicas romanas; protestantes preferem uma leve atmosfera religiosa que expresse suas crenças de forma aproximada. Toda grande nação faz um espírito de nacionalismo permear as escolas estatais e considera isso uma das partes mais valiosas da educação de cidadãos comuns. No comunismo, não se ensina o nacionalismo, mas há uma intensa propaganda do comunismo, combinada com informações de que a URSS é seu protagonista. Pode-se questionar se o efeito sobre as mentes das crianças é muito diferente do nacionalismo produzido pela educação nos países capitalistas.

Normalmente, a propaganda na educação é bem-sucedida nesse objetivo, a menos que exista um motivo especial para o insucesso. A grande maioria da humanidade aceita a religião em que foi criada e o patriotismo que aprendeu na escola. Os filhos de imigrantes nos Estados Unidos se tornam americanos patriotas e, com frequência, desprezam o país de origem de seus pais: isso é efeito sobretudo das escolas. A única coisa que causa o fracasso em larga escala da propaganda nacionalista é a derrota na guerra. A maioria dos russos deixou de ser patriótica em 1917, e muitos alemães, em 1918; porém, a maioria dos alemães foi obrigada pelo Tratado de Versalhes a abandonar o internacionalismo. Via de regra, a propaganda não fracassará, a menos que tente fazer que as pessoas acreditem em algo que já

Educação e ordem social

lhes seja muito repugnante. Não foi considerado possível fazer e os irlandeses do sul sentirem o patriotismo britânico ou adotarem a religião protestante. Para que a propaganda seja bem--sucedida, ela precisa inculcar algo que tenha algum tipo de apelo instintivo; nesse caso, pode aumentar tremendamente a virulência do sentimento de grupo. Onde já exista algum ódio, é capaz de intensificá-lo; onde há algum sentimento supersticioso, pode se apropriar dele e torná-lo dominante; onde o amor ao poder está dormente, pode despertá-lo. Mas há limites em relação ao que a propaganda é capaz de fazer, tanto para o bem quanto para o mal. Pelo menos até o momento, é assim; talvez, com o aperfeiçoamento da psicologia de massa, não existam mais limites para aquilo em que os governos possam fazer seus súditos acreditarem.

A propaganda pode dizer respeito a valores, a premissas gerais ou a fatos. Considerações um pouco diferentes se aplicam a esses três casos.

Valores últimos não são questões abertas a argumentos. Se um homem sustenta que a infelicidade é desejável e que seria bom se todos tivessem sempre uma dor de dente violenta, podemos discordar ou rir dele quando o flagrarmos indo ao dentista, mas não podemos provar que está enganado, como poderíamos se ele afirmasse que o ferro é mais claro que a água. Se um profeta promovesse a teoria de que a felicidade deveria ser prerrogativa somente das pessoas cujo nome começa com Z, ele poderia receber o apoio entusiasmado de um exército de Zacarias, Zedequias e Zebedeus, mas, em última análise, seria derrotado pelas numerosas legiões de Joões e Jorges. Entretanto, isso seria apenas uma refutação pragmática da mensagem do profeta, que, do ponto de vista lógico, permaneceria tão boa quanto a sua contradição. Quanto a valores últimos, homens podem concordar ou discordar, podem lutar com armas ou com urnas de votação, mas não podem pensar logicamente.

Na vida prática, questões referentes a valores últimos raramente surgem em sua pureza lógica, já que os homens estão preocupados com o que deve ser *feito*. Se um ato deve ser realizado ou não depende de duas considerações: a primeira, sobre quais são os seus prováveis efeitos; a segunda, se esses efeitos são, no todo, bons, ou, mais precisamente, se no saldo são melhores que os efeitos de qualquer outro ato possível dentro das circunstâncias. Dessas duas questões, a primeira é científica – e não ética – e receptiva ao argumento racional, como qualquer outra questão científica. É somente quando uma controvérsia sobre o que deveria ser feito se transforma na segunda questão que não há possibilidade teórica de decidi-la mediante argumento.

Em disputas políticas, tendem a existir duas discordâncias, uma nominal e outra real. Deixado à mercê apenas da operação do instinto, todo homem sustentaria que a sua própria felicidade é o bem supremo, seguida pela felicidade da sua família, ao passo que a da sua nação, de seu partido e de seus correligionários tem de ser desejada contanto que não entre em conflito com a sua. Caso ele seja um monarca absoluto, poderá manter essa opinião durante toda a vida. Mas, se não o for (o que é bem mais comum, no fim das contas), só poderá prevalecer com a ajuda de aliados, e só poderá consegui-los aparentando, pelo menos, buscar algum objetivo que coincida com o deles. Via de regra, essa aparência será apenas parcialmente genuína. Por não ser de todo genuína, depende, em parte, da geração de

Educação e ordem social

emoções e, em parte, de um raciocínio falacioso. O papel desempenhado pelo raciocínio falaz é maior do que muitos irracionalistas modernos imaginam. Por exemplo: desde o fim da guerra até o outono de 1931, a indústria britânica foi sacrificada aos bancos britânicos, pois o grosso dos industriais britânicos foi persuadido pelos argumentos falazes apresentados por banqueiros britânicos. Todo partido político, embora represente genuinamente o interesse de algum grupo, procura provar, mediante argumento, que representa também os interesses de outros grupos; ou, na impossibilidade de um argumento plausível, procura produzir o mesmo resultado por meio do despertar de emoções. Em qualquer dos casos, não ocorrem disputas referentes a valores últimos, já que nenhum partido político ousa revelar o egoísmo do grupo cujos interesses ele foi constituído para defender. Todo partido político afirma que busca a maior felicidade possível para toda a comunidade, se não neste mundo, pelo menos no outro. Portanto, questões de valores éticos últimos podem ser ignoradas em sua forma intelectual, ainda que em formas emocionais mantenham a importância política.

Àquilo que foi dito, segue-se que, em disputas políticas, há uma região considerável aberta ao argumento científico. Quando um grupo contende que seus interesses realmente são idênticos aos de outro, essa contenda pode ser provada ou desmentida – sempre na teoria e às vezes na prática. As nações imperialistas sustentam que as atrasadas (ou seja, que não têm Forças Armadas poderosas) são mais felizes sob seu domínio do que seriam se fossem livres. Até que as mulheres conquistassem o direito ao voto, os homens sustentavam que elas eram mais felizes sob o governo masculino do que em um regime de igualdade entre os sexos. Os capitães da indústria sustentam que, sob a sua direção sábia, os assalariados são mais prósperos do que seriam se a indústria fosse submetida à gestão pública. Em geral, esses argumentos convencem certa porcentagem do grupo de indivíduos aos quais são direcionados; porém, já que nesse caso não estão respaldados pelo interesse próprio, é possível, quando falaciosos, evidenciar esse fato mediante o argumento. E até mesmo o grupo dominante perderá a autoconfiança se a convicção de estar com a razão puder ser abalada. Muitos aristocratas franceses em 1789 e aristocratas russos em 1917 questionavam se os privilégios de sua ordem eram justificados; não fosse por essa dúvida, os revolucionários franceses e russos teriam tido mais dificuldade de vencer.

Isso é tudo em relação aos aspectos intelectuais das questões de valor. Na prática, contudo, os métodos empregados na propaganda ética são emocionais e não intelectuais. Considerando que, em última análise, todos os juízos de valor se baseiam em emoções, é natural que a propaganda ética seja emocional. Não obstante, há distinções a fazer entre os tipos de emoção que são gerados e os métodos pelos quais se faz isso.

A propaganda emocional pode ser direta ou indireta. *A cabana do Pai Tomás* é propaganda direta; assim como o poema "Ye Mariners of England". Na propaganda direta, o objeto em questão é descrito com termos que despertem, em relação a ele, as emoções desejadas pelo propagandista. A propaganda indireta consiste em despertar emoções que, em si, não estão relacionadas ao objeto, em circunstâncias que estabelecem uma associação ao objeto. Essa é a função da música sacra e de toda música que se usa de forma relacionada a algum grupo social. O amor dos ingleses de classe alta por sua escola pública é um

Educação e ordem social

sentimento complexo devido, em grande parte, ao fato de que várias emoções sociais fortes foram sentidas em grupos escolares; esse sentimento possui força suficiente para durar a vida toda e ter considerável importância política. O sentimento dos católicos romanos pela Igreja está ligado às emoções que sentiram na juventude durante a Missa do Galo, na solenidade da Sexta-Feira Santa e na alegria da Páscoa, no incenso, nas trevas e no mistério. Quando fortes emoções infantis ou adolescentes desse tipo se tornam associadas a um grupo político, podem gerar — e frequentemente geram — um sentimento capaz de anular todas as convicções intelectuais. Essa forma de propaganda é mais bem entendida pela Igreja Católica, que teve quase 2 mil anos para aperfeiçoar essa técnica. Mas o mesmo tipo de coisa é feito, ainda que menos perfeitamente, pelos Estados nacionais, nas formas de música marcial e exibições militares. Na minha infância, os soldados britânicos ainda usavam os tradicionais casacos vermelhos, e me recordo com vividez do quanto me deleitava ao ver regimentos em marcha. Sem uma contramedida, esses deleites tendem a produzir a crença no militarismo.

A propaganda emocional tem vários perigos. Em primeiro lugar, ela é usada em uma causa maléfica de modo tão simples quanto é empregada em uma causa justa — talvez até com mais facilidade. De fato, já que a conduta racional geralmente envolve algum controle emocional, uma forma de propaganda que consiste em despertar emoções tão simples e incivilizadas só pode ser um obstáculo ao comportamento sensato. Quando a guerra se aproxima, os homens se alegram porque podem extravasar suas emoções bárbaras; deleitam-se de uma forma que não é de todo diferente de como uma pessoa normalmente serena o demonstra ao se apaixonar. Tanto a religião quanto o patriotismo apelam para emoções muito primitivas, perigosas para a civilização. Para que os homens possam viver em grande harmonia, precisam ter uma organização social cuidadosa e restringir a hostilidade mútua instintiva. A manutenção de uma população tão numerosa, como a que os países civilizados têm atualmente, fica impossível caso se dê rédea solta a paixões incivilizadas, de modo que homens civilizados têm certo desconforto, uma vontade de voltar a sentimentos mais primitivos, aos quais o propagandista emocional apela. A guerra e a religião são as formas mais importantes, em termos políticos, desse tipo de nostalgia.

Outro perigo da propaganda emocional é a tendência a fechar a mente para o argumento. A mente consciente pode ser racional, mas, logo abaixo do nível de consciência, permanecem convicções inalteráveis dos primeiros anos. Em tempos tranquilos, muitos são internacionalistas e livres-pensadores, mas, quando há perigo de guerra ou morte, tornam-se patrióticos ou religiosos. É óbvio que isso se deve apenas em parte à propaganda precoce; em grande medida, é um efeito natural do medo. Entretanto, a propaganda desempenha seu papel para que o medo possa se disfarçar de algo mais respeitável, como o amor ao país ou a Deus.

A propaganda em relação a premissas gerais, como dogmas religiosos, é realizada principalmente por meios emocionais. Para o católico, por exemplo, emoções que lhe são queridas são associadas à fé católica, de modo que, sem a crença em certas afirmações metafísicas, ele seria infeliz. No que concerne à crença em um credo, é evidente que é possível, em teoria, combatê-la por meios apenas intelectuais, mas esse combate só será bem-sucedido com uma pequena porcentagem de pessoas

Educação e ordem social

excepcionalmente racionais. Em geral, quando um grande número de homens e mulheres abandona o credo no qual cresceram, há a atuação de alguma motivação econômica, ainda que muitas vezes seja inconsciente. A Reforma não teria sido tão bem-sucedida não fosse pelas terras da Igreja e do tributo cobrado por Roma. Normalmente, os socialistas no continente são anticristãos e apresentam argumentos econômicos para mostrar que o cristianismo é de interesse dos ricos. É raro que credos religiosos sejam combatidos com êxito pela lógica; talvez o exemplo mais importante seja o racionalismo francês do século XVIII. Contudo, é desejável que a razão tenha um papel mais importante do que o atual na determinação das convicções dos homens, ou da falta delas, nos temas dos quais a religião dogmática trata. A propaganda que relaciona emoções, em especial louvor ou culpa, à crença ou descrença em certas premissas é um obstáculo para o espírito científico e, portanto, para a civilização.

Embora seja pouco provável que os governos adotem o expediente de expor os jovens à propaganda de lados opostos em questões importantes e inconvenientes, não tenho dúvida de que esse seria o melhor plano caso pudesse ser implementado. Exigir que um professor se abstenha totalmente de expressar opiniões controversas é exigir que seja obtuso e suprima metade de sua personalidade. É verdade que existem pessoas que não têm sentimentos partidários, mas estas raramente se tornam professores inspiradores. Tampouco é desejável que a educação evite de maneira artificial todas as questões em torno das quais giram os eventos contemporâneos. Os jovens devem ser estimulados a pensar nessas questões ao ouvir discussões sobre elas de todos os pontos de vista. O comunismo deveria ser debatido no rádio em segundas-feiras alternadas pelo embaixador soviético e pelo sr. Winston Churchill; as crianças em idade escolar deveriam ser forçadas a ouvir e, depois de três meses de debate, cada escola teria de fazer uma votação simples. Nas terças-feiras, a Índia deveria ser tema de discussão entre Gandhi e o vice-rei; nas quartas, debate sobre cristianismo, entre Stálin e o arcebispo da Cantuária. Isso seria uma verdadeira preparação para a participação em uma democracia e ensinaria a difícil arte de extrair a verdade de uma afirmação *ex parte*. O problema não está na propaganda em si, mas na propaganda unilateral. Ser crítico da propaganda, ter aquilo que na América se chama de "resistência à venda", é altamente desejável, mas ela não será obtida pelo distanciamento da propaganda, da mesma forma que não se obtém a imunidade contra a rubéola por meio do distanciamento em relação à doença. Isso é adquirido ao vivenciar a propaganda e descobrir que, frequentemente, ela é enganosa. Para esse fim, nenhum plano seria tão adequado quanto a presença de propagandistas rivais em todas as escolas, sendo a transmissão o mecanismo para isso.

Creio que se deva admitir que certo grau de propaganda não compensada é necessário para que haja o mínimo de coesão social. Embora possa haver ocasiões em que violar a lei é um dever, essas ocasiões são poucas; normalmente, o respeito pela lei é desejável. Para evitar guerras, terá de existir uma maquinaria internacional que resolva litígios, e será necessário ensinar o respeito pelo órgão que os soluciona. Um pacifista poderia argumentar que não é a existência da propaganda que prejudica, mas a existência de propagandas opostas; se em vez de cada nação ensinar o seu nacionalismo todas ensinassem a admiração pelos Estados Unidos, não haveria mais ocasião de

Educação e ordem social

conflito entre nações; se todo o ensino econômico em todo o mundo fosse comunista ou capitalista, o conflito entre os governos soviético e do Ocidente logo acabaria. Esse, afirmo eu, poderia ser o argumento de um pacifista. Mas haveria várias objeções a um plano desse tipo. Não existiria possibilidade de progresso em um mundo onde se pudesse ensinar apenas uma doutrina acerca de um assunto que suscita dúvida. E não haveria treinamento do juízo crítico em um mundo onde não houvesse o debate de tópicos. Portanto, a propaganda precisa ter a maior diversificação possível, tanto para o bem do progresso quanto para o bem da educação no que tange à ponderação de prós e contras; isso faz parte da objeção a qualquer tipo de censura política.

Uma das partes mais importantes da educação, e também entre as mais negligenciadas, é aquela que ensina como chegar a conclusões verdadeiras com base em dados insuficientes. Como lógico, tenho consciência de que essa afirmação, segundo a lógica estrita, é um mero disparate; não obstante, todo o sucesso na vida prática depende da capacidade de realizar essa façanha aparentemente impossível. O general bem-sucedido é aquele que consegue conjecturar de maneira correta o que o seu oponente fará; o organizador bem-sucedido é aquele capaz de escolher bons subordinados depois de breves entrevistas. Até mesmo o homem da ciência bem-sucedido faz conjecturas que, posteriormente, são verificadas. Na política, raramente os dados são suficientes para possibilitar que um homem racional chegue a uma conclusão fundamentada, mas com frequência possibilitam que um homem racional e astuto chegue a uma conclusão sagaz. Isso exige um distanciamento científico de ideias preconcebidas e poder de pensamento hipotético, mas também requer algo mais — a qualidade que recebe a vaga nomenclatura de "discernimento". Trata-se de uma qualidade que é bastante aprimorada, em qualquer direção, pela experiência do material adequado. Em algum estágio da educação, deve-se ensinar discernimento político aos jovens, por meio do ato de ouvir uma eloquência reconhecida antecipadamente como enganosa, de ler afirmações sectárias sobre acontecimentos passados e de tentar inferir o que realmente aconteceu etc. Tudo isso é o oposto da propaganda; é a técnica para tornar os homens imunes à propaganda.

Estou ciente de que, naquilo que venho afirmando, escolhi tacitamente um lado em uma controvérsia bem relevante para essa questão. Pressupus que as opiniões podem ser verdadeiras ou falsas, e não meramente úteis ou danosas; e que, pelo menos no que concerne a fatos, via de regra é mais fácil saber se uma opinião é verdadeira do que se é útil; e, por fim, pressupus que, normalmente, é mais útil acreditar no que é verdadeiro do que naquilo que é falso. Todas essas pressuposições podem ser desafiadas, e são desafiadas por pragmáticos e comunistas. Assim sendo, vamos examiná-las mais detidamente.

Diz-se que César foi morto nos idos de março. Não examinei com atenção a prova, mas li essa afirmação em vários livros que parecem confiáveis e, portanto, acredito nela. Na juventude, pode ser útil acreditar nisso, já que talvez ajude a passar nas provas; no entanto, terminada a época de provas, essa crença deixa de ter algum propósito útil. De qualquer forma, para passar à nossa segunda suposição, claro que é mais fácil saber a verdade da premissa "César foi morto nos idos de março" do que a sua utilidade, que, com exceção das provas, é extremamente questionável. Ao dizer isso, eu talvez pareça

Educação e ordem social

contradizer minha terceira premissa, a saber, que, via de regra, é mais útil acreditar no verdadeiro do que naquilo que é falso. Isso está correto apenas quando um ou outro tem utilidade. Não vale a pena acreditar ou deixar de acreditar na maioria das premissas. Imagine a tabuada estendida indefinidamente a números cada vez mais altos: conteria um número infinito de premissas, das quais apenas um número finito seria útil na prática. Mas sempre que, por algum motivo, uma dessas premissas for necessária, será extremamente improvável que o erro seja melhor que o acerto. Isso não é impossível, já que você pode ter cometido um erro que é contrabalançado pelo seu novo erro. Só que essa possibilidade é remota demais para ser considerada pelo político, que exige, com razão, que as crianças façam somas corretas.

Talvez o comunista pudesse aceitar o caso da Aritmética, mas, quanto a opiniões controversas, ele sustentaria que existe uma visão burguesa e uma visão proletária e que todo bom soldado do exército proletário deve sustentar a visão proletária. Tomemos como exemplo a questão da imortalidade. A forma de lidar com esse tema, diria um comunista, não é examinar a relação entre alma e corpo, nem as provas acumuladas pela pesquisa psíquica, nem ainda suspender o juízo porque as provas são insuficientes para a decisão, mas observar que a promessa do paraíso futuro é usada para fazer os proletários se contentarem com o seu destino aqui embaixo e ficarem satisfeitos com salários mais baixos do que eles exigiriam em outra situação. Assim, faz-se com que a doutrina da imortalidade pareça ser uma das armas do capitalismo, ao passo que sua negação é uma das armas do comunismo. A questão da verdade ou mentira não entra; também se poderia perguntar se uma bala é verdadeira ou falsa. O importante em relação à bala é: a qual exército ela serve? Em relação à opinião, o que importa é exatamente a mesma coisa.

É evidente que essa visão é uma negação da atitude científica, segundo a qual, em uma região ampla, é possível descobrir a verdade aproximada; onde isso não é possível, a suspensão do juízo é a única atitude racional. Além disso, o comunista não sustenta de forma consistente sua própria posição cética. Sustenta-se que o materialismo dialético é, de fato, verdadeiro, não que é apenas conveniente que o proletário acredite nele. E a premissa de que tal e tal crença é conveniente para o proletário também é tida como genuinamente verdadeira; se não fosse, não poderia se tornar a base da prática propagandística. Desse modo, o pragmatismo do comunista não é convicto; é pouco mais do que uma expressão de impaciência.

Concluo que existem verdades, que às vezes elas podem ser conhecidas de forma aproximada, que com frequência isso é útil, mas que a crença na mentira o é muito raramente. Concluo também que um dos propósitos da educação deveria ser ensinar os jovens a chegarem a conclusões corretas sempre que possível. Do contrário, serão estimulados a amargura do espírito partidário e o perigo do conflito destrutivo, ao passo que, no aspecto intelectual, o progresso científico será gravemente obstaculizado. Seria bom que os estadistas se lembrassem de todas essas coisas quando fossem tentados a considerar a educação como mero ramo da propaganda política.

16.
A reconciliação da
individualidade e da cidadania

Em nosso primeiro capítulo, propusemos uma pergunta: o desenvolvimento individual mais pleno pode ser combinado com o mínimo necessário de coerência social? Isso nos levou a considerar como, de várias formas, a educação é afetada pela política e pela economia e, conforme constatamos, em sua maior parte, que essa influência é prejudicial para as meninas e os meninos envolvidos. É necessário que os efeitos da política e da economia sejam sempre nocivos? Ou isso é um infortúnio temporário da nossa época? E, no último caso, qual é a esperança de uma harmonia maior entre individualidade e cidadania em um futuro não muito distante?

O mal que a política faz à educação decorre, sobretudo, de duas fontes: primeiramente, que os interesses de um grupo parcial são priorizados em relação aos interesses da humanidade; em segundo lugar, há um amor excessivo à uniformidade, tanto no rebanho quanto no burocrata. Desses dois males, atualmente o primeiro é o maior; porém, se o primeiro fosse superado, o segundo poderia se tornar muito grave.

Na educação, costuma-se favorecer o próprio Estado, a própria religião, o sexo masculino e os ricos. Nos países onde existem várias religiões lado a lado, o Estado não consegue favorecer nenhuma delas em suas escolas, mas isso levou à criação de escolas pertencentes a várias seitas, ou, como na cidade de Nova York e em Boston, à distorção, favorável aos interesses católicos, da História que se ensina nas escolas públicas.[1] O sexo masculino não pode mais ser favorecido como era. Entretanto, fora da Rússia, a educação ainda é conduzida de modo a promover os interesses dos ricos; e, evidentemente, ensina-se em toda parte uma lealdade exclusiva ao seu próprio Estado.

O resultado desse estado de coisas é que a educação se tornou parte da luta pelo poder entre religiões, classes e nações. O aluno não é considerado por aquilo que ele é em si mesmo, mas é tido como um recruta: a máquina educacional não se preocupa com o seu bem-estar, mas com propósitos políticos ulteriores. Não há motivo para supor que o Estado algum dia colocará os interesses da criança à frente dos seus próprios interesses; portanto, temos de inquirir se existe a possibilidade de que haja algum Estado cujos interesses, no que concerne à educação, serão aproximadamente iguais aos da criança.

É óbvio que o primeiro requisito para esse propósito é a eliminação das guerras em larga escala. Se isso fosse realizado pelo estabelecimento de uma autoridade internacional, o ensino do nacionalismo militante não teria mais nenhum propósito e logo diminuiria até se tornar inócuo. Não haveria mais necessidade de corpos de treinamento de oficiais, serviço

---

1 Na cidade de Nova York, por exemplo, os professores têm de se referir à Reforma como "a revolta protestante".

Educação e ordem social

militar obrigatório nem de ensino de uma falsa História. O treinamento moral não teria mais o homicídio como o ápice de uma vida virtuosa, na qual todo o restante culmina. Estou convencido de que o estabelecimento de uma autoridade internacional com força suficiente para impor a sua resolução de litígios aos Estados recalcitrantes é a reforma mais importante do ponto de vista da educação e de todos os outros pontos de vista.

Há, no entanto, obstáculos formidáveis ao estabelecimento dessa autoridade – obstáculos muito mais formidáveis do que a maioria dos pacifistas imagina. Considere a questão do capitalismo contra o comunismo. É extremamente improvável que essa questão se resolva de modo pacífico: homens de ambos os lados a consideram importante o suficiente para justificar a luta; além disso, é difícil imaginar qualquer maquinaria internacional suficientemente forte para impedir que essa questão conduza à guerra. Imagine (digamos) uma guerra civil na Alemanha entre comunistas e nacionalistas. A França e a Rússia seriam observadoras passivas? Se a França e a Rússia entrassem na guerra, a Grã-Bretanha ficaria neutra? Os Estados Unidos aceitariam correr o risco da disseminação do comunismo em todo o continente europeu? A China e a Índia deixariam de aproveitar a oportunidade? Até que se decida a questão entre comunismo e capitalismo de uma forma ou de outra, será impossível garantir a paz mundial, seja qual for a maquinaria criada. E é difícil ver outro resultado para essa questão que não seja a vitória do comunismo, pelo menos em toda a Europa. O capitalismo já não traz contentamento. Em pouco tempo, o padrão geral de conforto pode ser mais elevado na Rússia do que em outros lugares; o efeito propagandístico desse estado de coisas será irresistível. Portanto, não parece improvável que o caminho mais curto para a paz mundial passe pela propaganda russa. Nesse caso, é falta de visão fazer objeção aos métodos um tanto crus que o governo soviético emprega para ensinar o comunismo aos seus meninos e meninas. Não afirmo isso como se fosse uma certeza; limito-me a sugeri-lo como uma hipótese que não tem nada de improvável.

Evidentemente, fica claro que não poderá haver uma paz garantida até que a Alemanha deixe de ser punida por ter sido derrotada na guerra. Isso não irá acontecer até que a França deixe de dominar a Europa. E talvez a França só deixe de dominar em decorrência de uma guerra.

Também é de se duvidar que as libertações da Índia em relação à dominação inglesa e a da China em relação à dominação japonesa possam ser obtidas por algum meio que não seja uma guerra de primeira classe.

Para que haja alguma esperança séria de preservação da paz, pela criação de uma autoridade internacional, primeiro será preciso resolver todas essas grandes questões. Elas podem ser solucionadas pela vitória do comunismo nos próximos vinte anos, mas não sou suficientemente otimista para acreditar nisso.

Depois da eliminação da guerra, o pré-requisito mais importante na reconciliação do indivíduo com o cidadão é a eliminação da superstição. Para esse propósito, defino uma crença como supersticiosa se sua única base é tradicional ou emocional. Quando as pessoas consideram importante a preservação dessas crenças, criam sistemas de educação que envolvem o respeito à sabedoria dos nossos ancestrais e o hábito de decidir questões em bases que não são racionais. De maneira quase inevitável, os detentores do poder desejam que seus súditos sejam emocionais em vez de racionais, já que, dessa

Educação e ordem social

forma, é mais fácil fazer as vítimas de um sistema social injusto se conformarem com o seu destino. Assim, a superstição se torna aliada natural da injustiça. Além disso, somente nos locais onde as instituições econômicas e políticas são justas a educação governamental tem probabilidade de promover uma perspectiva racional.

Evidentemente, não é garantido que, caso se estabelecesse um sistema econômico justo em decorrência de um longo conflito, o sistema seria, no princípio, isento de superstição. Em tempos de guerra, recorre-se a falsas crenças para gerar entusiasmo, e uma disciplina intelectual estrita é considerada útil para evitar questionamentos quanto à importância da causa. O comunismo russo já tem seu corpo de dogma teológico, sua hagiologia e sua história sacra. Se, depois de um século de luta, a doutrina russa converter o mundo, ela terá criado, nesse intervalo, muitos mitos e adquirido grande rigidez doutrinária. Quando essa hora chegar, quem ousar dizer que Marx e Lênin não foram os maiores homens que já viveram provavelmente sofrerá uma perseguição considerável. É possível — embora eu não considere provável — que o Partido Comunista venha a ocupar uma posição semelhante à da Igreja na Idade das Trevas. É possível que as guerras anteriores à vitória do comunismo destruam todas as fábricas do mundo e causem a morte de todos os homens da ciência e técnicos competentes. Nesse caso, quando se encontrar nas Escrituras o registro de que Lênin esperava que a salvação viesse pela "eletrificação", as pessoas podem se perguntar qual seria o significado dessa palavra e talvez concluam que denotava a união mística com Karl Marx. Portanto, não é inconcebível que venha a existir um Estado mundial com um sistema econômico justo e, não obstante, dominado pela superstição. Porém, isso dificilmente poderá acontecer, a não ser que ocorram guerras assombrosamente destrutivas. Em qualquer outra hipótese, é preciso esperar que os elementos de superstição que estão associados hoje em dia ao governo soviético desvaneçam quando a vitória tiver eliminado a necessidade de uma mentalidade belicosa. A longo prazo, até mesmo a crença no comunismo deixará de parecer importante, já que nenhum outro sistema entrará no escopo da política prática.

Passo agora a um segundo perigo, que é o amor excessivo à uniformidade. Como mencionamos, isso pode existir no burocrata e no rebanho. As crianças são instintivamente hostis a tudo o que seja "esquisito" em outras crianças, em especial dos 10 aos 15 anos de idade. Se as autoridades perceberem que esse convencionalismo é indesejável, poderão se proteger contra ele de várias formas e, conforme o sugerido em um capítulo anterior, colocar as crianças mais inteligentes em escolas separadas. A intolerância à excentricidade à qual me refiro é mais forte nas crianças mais burras, que tendem a considerar os gostos diferentes das crianças mais inteligentes como justificativas para a perseguição. Quando as autoridades também são burras (algo que pode acontecer), tendem a ficar do lado das crianças burras e consentir, pelo menos de forma tácita, nos maus-tratos infligidos a quem demonstra inteligência. Nesse caso, será produzida uma sociedade em que todas as posições importantes serão conquistadas por aqueles cuja burrice lhes possibilite agradar o rebanho. Tal sociedade terá políticos corruptos, professores ignorantes, policiais incapazes de capturar criminosos e juízes que condenam inocentes. Tal sociedade, mesmo se for de um país cheio de riqueza natural,

Educação e ordem social

acabará empobrecendo por incapacidade de escolher homens capazes de ocupar postos importantes. Tal sociedade, ainda que possa tagarelar sobre liberdade e até mesmo erigir estátuas em sua honra, terá um perfil perseguidor, que punirá os mesmos homens cujas ideias podem salvá-la do desastre. Tudo isso surgirá da pressão demasiada do rebanho, primeiramente na escola e, a seguir, no mundo em geral. Nos lugares onde existe essa pressão excessiva, os dirigentes da educação, via de regra, não estão cientes de que isso é um mal; de fato, tendem fortemente a acolher essa pressão como uma força que contribui para o bom comportamento. Desse modo, é importante considerar quais circunstâncias levam os professores e dirigentes da educação a cometer esse erro e se é provável que algum sistema os impeça de fazer isso.

Na docência, existem dois tipos muito diferentes. Há os que têm entusiasmo por algum assunto, amam ensiná-lo e implantam seu próprio entusiasmo nos alunos. E aqueles que, por sua vez, gostam da posição de poder e da superioridade fácil, apreciam governar, mas não têm habilidade suficiente para governar homens adultos. Alguns sistemas favorecem o primeiro tipo e, outros, o segundo; a eficiência moderna costuma favorecer cada vez mais o homem que governa, não aquele que ensina. Não nego que o tipo que governa tenha suas utilidades: conheci uma senhora que havia lecionado em uma escola pública no Texas e considerava necessário estar sempre armada com um revólver. Entretanto, excetuando-se em regiões remotas e esparsamente povoadas, meninas ou meninos anormalmente refratários podem ser isolados e, por consequência, após a perda do líder, aqueles que permanecem se tornam receptivos a métodos menos drásticos. O professor que é inspirado pelo amor à sua matéria, combinado à afeição pelas crianças, pode, na maioria das circunstâncias, ser muito mais bem-sucedido na transmissão de conhecimento e civilização do que o homem que ama a ordem, o método e a eficiência, mas não tem conhecimento e odeia crianças. Infelizmente, em qualquer escola grande há uma quantidade considerável de rotina administrativa que, em geral, é mais bem executada pelos piores professores; e, como as autoridades veem o trabalho administrativo, mas costumam ser cegos ao ensino, existe a tendência de que o crédito seja atribuído de forma muito equivocada. Além disso, em qualquer grande máquina administrativa, aqueles que a dirigem consideram, naturalmente, a administração como a espécie de trabalho mais honrada e difícil; em decorrência disso, o salário e o *status* daqueles que fazem o trabalho administrativo são melhores do que os daqueles que, de fato, ensinam. Tudo isso tende a produzir o modelo errado de professor. É o tipo administrativo que incentiva a uniformidade, ao passo que o outro tipo se regozija com a capacidade (que, em si, é uma excentricidade) e, por amor à capacidade, tolera prontamente outras formas de esquisitice. Assim, para o combate à uniformidade, é muito importante valorizar os professores que amam a docência, não os que amam governar.

Passamos aqui ao aspecto de um problema que provavelmente ficará cada vez mais grave à medida que o mundo se torne mais organizado. Um homem que ostenta uma posição de poder em uma grande organização precisa de um tipo definido de capacidade, a saber, executiva ou administrativa; seja qual for o ramo da empresa, o tipo de habilidade necessária no topo será sempre o mesmo. Um homem que consegue organizar com êxito (digamos) o comércio de algodão de Lancashire

Educação e ordem social

também será bem-sucedido se trabalhar com a defesa aérea de Londres, a exploração da Ásia Central ou o transporte de lenha da Colúmbia Britânica para a Inglaterra. Para esses diversos empreendimentos, ele não precisará saber nada de algodão, nada de guerra aérea, nada sobre as cidades enterradas do Turquistão, nada de silvicultura nem de navegação. Seus auxiliares em cargos subordinados, nos vários casos, precisarão desses diversos tipos de habilidades, mas a habilidade dele é, em certo sentido, abstrata e não depende de conhecimento especializado. Portanto, da mesma forma, conforme as organizações aumentam de tamanho, as posições de poder importantes tendem, cada vez mais, a ficar nas mãos de homens que não possuem grande familiaridade com os propósitos do trabalho que organizam. Embora isso seja inevitável, guarda seus perigos; e, para voltar ao nosso tema, essa tendência traz perigos à esfera da educação.

Na esfera da educação, o perigo do administrador surge por meio do seu amor pela classificação e pelas estatísticas. É impossível que ele não tenha essa paixão, pois precisa lidar rapidamente com grandes massas de material e só tem condição de fazer isso por meio da classificação. Ora, em certos tipos de material, a classificação é razoavelmente satisfatória; isso ocorre onde há tipos naturais bem definidos. O quitandeiro vende ervilhas e feijões, espinafre e repolho, mas nunca é obrigado a parar e perguntar a si mesmo: "Esse objeto é uma ervilha ou uma couve-flor?". Com crianças, a questão é diferente. Questionar se uma determinada criança é deficiente mental é, com frequência, uma pergunta limítrofe, para a qual, do ponto de vista científico, não se pode dar uma resposta precisa. Mas, do ponto de vista administrativo, é obrigatório dar uma resposta precisa: a criança deve ser enviada a uma escola especial ou mantida na escola comum. Assim, o administrador procura meios de chegar a uma precisão que não existe na natureza; esse é um dos motivos pelos quais ele tende a gostar muito de testes de inteligência. O que se aplica ao caso dos deficientes mentais também vale para qualquer outra classificação mental. O homem que demonstra afeto ao lidar com um pequeno grupo de crianças as conhece como indivíduos e tem por elas sentimentos difíceis de expressar em palavras; com frequência, aquilo que a criança tem de diferente é o que mais agrada a um homem desse tipo. Mas o homem que vê as crianças a distância, em meio a uma névoa de relatórios oficiais, fica impaciente com esse tipo de coisa. Ele gostaria que todas as crianças fossem exatamente iguais, já que isso facilitaria seu trabalho, mas é obrigado a admitir a classificação por idade, sexo, nacionalidade e religião. Os mais iluminados também admitem a classificação por testes de inteligência. Porém, até mesmo os mais iluminados gostam de tudo "preto no branco" e se esquecem da qualidade da vida individual que faz que cada ser humano seja diferente dos demais. Por esse motivo, existe o perigo de que os dirigentes da educação estimulem uma uniformidade à qual, de qualquer forma, o mundo se inclina.

Esse é um problema administrativo com uma solução administrativa, a saber, a descentralização. Se existisse um governo mundial, ele decerto exerceria um determinado grau de gerência de toda a educação: proibiria o ensino excessivo do patriotismo local e poderia vetar doutrinas que considerasse subversivas. No entanto, em todos os outros aspectos, faria indubitavelmente com que a organização da educação fosse local. Se fosse inspirado por um espírito científico, também

Educação e ordem social

permitiria vários experimentos sobre novos métodos. Atualmente, o espírito experimental é alheio à maioria dos administradores, mas, se a educação fosse mais científica, ele seria muito mais comum. É pelo crescimento do espírito científico que devemos buscar a tolerância com brechas e exceções no Estado científico. Sem brechas e exceções, haverá pouco progresso e diversidade insuficiente; porém, a meu ver, os dirigentes passarão a acreditar nisso quando todos eles tiverem uma sólida educação científica, não só em Física e Química, mas também em Biologia.

O individualismo, ainda que seja importante não esquecer suas reivindicações justas, precisa ser mais controlado em um mundo industrial densamente povoado do que foi em outros tempos, até mesmo na psicologia individual. Aqueles que, como eu, já moraram em cidades grandes adquiriram formas de comportamento em multidões que buscam evitar confusão: nós nos mantemos à direita, andamos na velocidade adequada e atravessamos ruas no lugar correto. Todas essas questões são pequenas e externas, mas algo semelhante é exigido em questões mais sérias. São João Batista se vestia de modo insuficiente e exclamava: "Arrependei-vos, porque está próximo o reino dos céus". Se um homem fizesse isso em Londres ou Nova York, atrairia uma multidão tão grande que pararia o trânsito, e a polícia lhe diria que ele teria de alugar um salão para poder expressar os seus sentimentos. Pouquíssimos homens em uma sociedade industrial são unidades independentes em seu trabalho; a grande maioria pertence a organizações e tem de desempenhar a sua parte em um empreendimento coletivo. Portanto, o sentido de cidadania, de cooperação social, é mais necessário agora do que antes; mas continua sendo importante que se garanta isso sem uma redução excessiva do juízo e da iniciativa individuais.

Para que a vida do homem seja satisfatória, seja do seu próprio ponto de vista, seja do ponto de vista do mundo em geral, são necessários dois tipos de harmonia: uma interna, entre inteligência, emoção e vontade, e uma externa, com as vontades dos demais. Nesses dois casos, a educação existente é defeituosa. A harmonia interna é impedida pelo ensino moral e religioso dado na infância e juventude, que, em geral, continua a reger as emoções, mas não a inteligência, na vida posterior, ao passo que se deixa a vontade vacilante, inclinando-se para um ou outro lado, seguindo aquele que prevalece em cada momento — a emoção ou a inteligência. Seria possível evitar esses conflitos se fossem ensinadas aos jovens doutrinas que a inteligência adulta possa aceitar. Em pequena escala, pode-se fazer isso, em escolas particulares, mas, sem a cooperação do Estado, isso é inviável em uma escala suficientemente grande para produzir resultados que tenham uma importância que não seja experimental.

A questão da harmonia externa com as vontades dos demais é mais difícil e não é passível de uma solução completa. Tanto a competição quanto a cooperação são atividades humanas naturais; é difícil eliminar por completo a competição sem destruir a individualidade. Mas o que causa dano no mundo moderno não é o indivíduo nem a competição não organizada. Dois homens podem competir pela mesma mulher sem prejudicar ninguém, contanto que a sua rivalidade não chegue ao homicídio. A forma perigosa de desarmonia no mundo moderno é a forma organizada, entre as nações e entre as classes. Enquanto persistir essa forma de desarmonia, o mundo não poderá apreciar

Educação e ordem social

as vantagens possibilitadas pela ciência e pela habilidade técnica. A desarmonia entre as nações é estimulada atualmente pela educação e poderia ser eliminada pela introdução da propaganda internacionalista nas escolas. Mas isso dificilmente será possível sem que antes aconteça a vitória política do internacionalismo. A educação pode consolidar conquistas políticas, mas é improvável que as cause enquanto for controlada por Estados nacionais.

Houve épocas em que a competição na forma de guerra era vantajosa para os vencedores. Isso é coisa do passado. Agora, para toda pessoa que pensa, parece óbvio que todos os países seriam mais felizes se as Forças Armadas de todas as partes fossem desfeitas, todos os litígios entre as nações, resolvidos por um tribunal internacional, todas as tarifas alfandegárias, abolidas, e todos os homens pudessem ir livremente de um país a outro. A ciência alterou de tal forma a nossa técnica que transformou o mundo em uma unidade econômica. No entanto, nossas crenças e instituições políticas não acompanharam a nossa técnica, e cada nação se faz artificialmente pobre por meio do isolamento econômico. Inventamos dispositivos que poupam trabalho e somos assolados pelo desemprego. Quando não conseguimos vender os nossos produtos, reduzimos os salários, sob a aparente impressão de que, quanto menos ganharem, mais os homens gastarão. Todos esses males têm uma única origem: enquanto a nossa técnica exige a cooperação de toda a raça humana como uma única unidade produtora e consumidora, nossas paixões e crenças políticas continuam exigindo competição.

Vivemos em um mundo louco. Desde 1914, deixou de ser construtivo porque os homens não seguem sua inteligência na criação da cooperação internacional, mas insistem em manter a divisão da humanidade em grupos hostis. Essa não utilização coletiva da inteligência que os homens possuem para fins de autopreservação se deve, principalmente, aos impulsos insanos e destrutivos que espreitam no inconsciente daqueles que não foram criados de forma sábia na primeira e na segunda infância e na adolescência. Mesmo com a melhoria contínua da técnica de produção, todos ficamos mais pobres. Apesar de estarmos bem cientes dos horrores da próxima guerra, continuamos a cultivar nos jovens os sentimentos que irão torná-la inevitável. Apesar da ciência, reagimos contra o hábito de pensar nos problemas de forma racional. Apesar do domínio cada vez maior sobre a natureza, a maioria dos homens se sente hoje mais desamparada e impotente do que era desde a Idade Média. A origem de tudo isso não está no mundo externo nem na parte puramente cognitiva da nossa natureza, já que agora sabemos mais do que nunca. A origem está em nossas paixões; em nossos hábitos emocionais; nos sentimentos instilados na juventude e nas fobias desencadeadas na infância. A cura para o nosso problema está em tornar os homens mentalmente sãos e, para isso, é preciso educá-los de forma sã. Na atualidade, os diversos fatores que estamos abordando tendem ao desastre social. A religião estimula a burrice e um sentido de realidade insuficiente; a educação sexual produz, com frequência, distúrbios nervosos e, nos casos em que não os cria abertamente, costuma plantar discrepâncias no inconsciente que impossibilitam a felicidade na vida adulta; o nacionalismo, tal como ensinado nas escolas, implica que o dever mais importante dos jovens é o homicídio; o sentimento de classe promove a aceitação da injustiça econômica, e a competição desencadeia a

Educação e ordem social

implacabilidade na luta social. É de se admirar que, em um mundo no qual as forças do Estado se dedicam a produzir insanidade, burrice, prontidão para o homicídio, injustiça econômica e implacabilidade nos jovens – é de se admirar, pergunto eu, que esse mundo não seja um mundo feliz? Deve-se condenar um homem como imoral e subversivo porque ele deseja trocar esses elementos da educação moral atual por inteligência, sanidade mental, bondade e senso de justiça? O mundo se tornou tão intoleravelmente tenso, tão carregado de ódio, tão cheio de infortúnio e dor que os homens perderam o poder do juízo equilibrado necessário para emergir da indolência que domina a humanidade. Nossa era é tão cheia de dor que muitos dos melhores homens foram tomados de desespero. Mas não há base racional para o desespero: os meios de felicidade para a raça humana existem; basta que a raça humana escolha usá-los.

Índice remissivo

Os títulos de publicações que começam com artigos definidos ou indefinidos serão registrados sob a primeira palavra significativa.

35ª Conferência Pan-Russa sobre Educação Pré-Escolar, 165-6

administração de empresas, 137
administração, na educação 154-5, 211-5
adolescência, distúrbios psicológicos na, 48, 77, 86, 107-10, 217-8
adultério, 186-8
afeto pelas crianças, 52-4, 58-9, 62, 69-70, 124, 131-2, 214
agnosticismo, 95
além-túmulo, crença no, 99-100
Alexandre Magno, 83
alimentos crus, 28-9

alma, individual, 13, 29-30, 80, 90-1, 133, 136, 140, 203
almirantado britânico, 18
alta crítica, 89
ambiente e hereditariedade, 37
ambiente emocional, 52-4
América Latina, 21
América: aristocracia, abolição da 137; debate cidadão versus indivíduo, 15, 20-2; Constituição, 185; educação na, 71-2, 145-6; livre competição, crença na, 144; leis de imigração, 43; como sociedade plutocrática, 133-4, 180; puritanismo, 25
anatomia, sexual, 105

anos pré-escolares, 56-8, 163-6

antigos gregos, 65, 127-8, 136, 176-7

Antissemitismo, 79, 180-1

Apócrifos, 111

Apóstolo, individualismo do, 13

aprender decorando, 157

aprendizagem pura, 139-40

aquiescência, 10-1

Aquino, São Tomás de, 96

aristocracia britânica, 66, 71; *consulte também* aristocracia

Aristocracia, 66, 70-3, 80-1, 84, 133, 153, 175, 180-1; realizações da, 137; e patriotismo, 130; pré-Renascença, 175-6; e propaganda, 196; e riqueza, 133; *consulte também* classe social; riqueza

Aritmética, 41-2, 97, 148, 155, 203

Arquimedes, 136

arrogância, dos ricos, 132-3

ascetismo, 70

assalariados, 55, 60, 132, 144, 180-1, 196

assuntos úteis para a profissão, 137-41

astecas, 90

atletas, autodisciplina de, 33

aulas voluntárias, 149

autoajuda, 143

autodireção, 32, 100

autoexpressão, 26-7, 146

autoridade, 12-4, 26, 33, 37, 67-8, 70, 86, 94, 101, 114, 206-8, 210

autoridades educacionais, 58-60

bandeira, 121-2, 127-8

Barulho, 57

behaviorismo, 49-50; *consulte também* reflexo condicionado

Bergson, Henri, 91

Boadiceia, 11

boas maneiras, 48-9, 54, 69, 86-7

Bolingbroke, Henry, 137

bolsas de estudo, 55, 144, 151, 156, 180

Bonaparte, Napoleão, 82-3, 85, 190

Bondade, 33, 53, 61, 67, 85, 94, 141, 219

Boyle, Robert, 137

Brincadeira, 52, 53, 57, 82, 85, 101-2, 107, 111, 165

Brutus, 65-6

Budismo, 9, 13, 90-1

Burguesia, 160-1

Burocracia, 73-4, 188, 205, 210

Butler, Samuel, 100

Byron, Lorde George Gordon, 71

cães de Pavlov, 41-2, 148

Câmara dos Comuns, 81

capacidade artística, 145-6

capacidade matemática, 45; sobrevalorização da, 155; e

Educação e ordem social

ensino prematuro da Matemática, 148

capacidade musical, 45

capacidade, herança da, 43-6; *consulte também* hereditariedade e educação

capitalismo, 138, 159, 168, 180, 182-4, 203-4, 207-8

casa versus escola, 55-63; escola ideal, 59; tipo de lar, 56-8; crianças urbanas, necessidades das, 43-4, 56-8

casas de crianças, 162-3

castigo, 30-33, 48-52, 79, 90, 98, 108, 149

catolicismo *consulte* catolicismo romano

catolicismo romano, 12-3, 60, 65, 97-8, 100, 150; e propaganda, 192-3, 197

cavalheiro, educação do, 138-9, 179-80

Cavendish, Henry, 137

celibato, 104-5

cérebro, tamanho do, 40-1

César, 202

Céticos, 98-9, 139

China, 21, 65-6, 127; libertação da, 207-8; respeito à aprendizagem, 178; taoismo na, 90-1

ciência, 19, 37-40, 52, 54, 84-5, 136, 172-3, 179, 201, 216-8; avanço da, 18-9, 155-6; e comunismo, 169-70, 177-8,

209-10; e religião, 96; utilidade do conhecimento, 17-8

classe social: aristocracia *consulte* aristocracia; conflito de classes, 78-9; e educação, 129-41; pais, posição dos, 180; debate casa versus escola, 59-63; e herança, 129-31; educação religiosa para ricos, 55-6, 92; e direito à educação, 132-3; escolas para ricos, 132-3; e educação sexual, 104, 167, 218; *consulte também* distinções de classe

classes altas *consulte* aristocracia

clássicos, 74-5

Cleptomania, 30-1, 50

clero, 98, 175-6

coerção, 26-8

coesão, 21, 200

companhia, 56-7, 59, 69-70

competição livre, crença na, 144

competição: e cooperação, 144-5, 188; na educação, 143-58; ideal de, 143-4; e Rússia, 172; e guerra, 217

comportamento: conformismo do, 86-7; boa conduta, 47-8, 50, 94; e opinião dos pais, 62-3

comunidade, sentir-se parte da, 171-2

comunismo, 14, 112, 138, 166, 168-70, 173-4, 191-2, 199-00, 203, 209-10; capitalismo

Bertrand Russell

comparado, 159, 203-4, 207-8; educação no, 138, 171-2, 188, 192, 208; e liberdade na educação, 24; méritos da educação no, 171-2; educação ocidental e comunista, semelhanças, 160; *consulte também* Rússia

condicionamento clássico, 40-2

condicionamento, 49

conformismo, 11, 24, 86-7

confucionismo, 13

conhecimento concreto, 35

conhecimento: adquirido na universidade, 139-40; concreto ou abstrato, 37; e cultura, 73-4; desejável por si mesmo, 176-7; fatos da vida, 105-6; amor ao, 148-9; em escolas russas, 162-3; científico, 179-80; sufocamento do desejo de, 26-7

conservadorismo, 16-7, 57, 187-8

Conspiração da Pólvora, 190

Constantino, 12

continência, 108-11

contracepção, 110-1

Contrarreforma, 190

controvérsias políticas, 7-8

cooperação, 10, 21, 32-3, 47, 117-8, 127, 158, 215-8; e competição, 144-5, 188; social, 29, 60

"corpo de pajens", 81, 85

Córsega, 82

crianças inteligentes *consulte* crianças talentosas

crianças talentosas, 40-1, 72-3, 83-4, 86, 95; educação em excesso de, 144-6; escolas especiais para, 152-4

crianças urbanas, necessidades das, 43-4, 56; crianças talentosas, 72-3

crianças: instituições, cuidados em, 162-3; propriedade privada em, 131-2

criatividade, sufocamento da, 26-7

cristianismo, 12-4, 91-3, 99, 169-70; códigos, 101-2; ética *consulte* ética, cristã; Evangelhos, 101; versus islã, 13-4; e marxismo, 167-9; oposição ao, 92-3; e educação sexual, 111-3; teologia, 96-7; *consulte também* Igreja; religião/instituições religiosas

cristo, 11, 61, 185-6

cuidados com os dentes, 28

culinária, 28-9

cultura: genuína, 74-5; visão grega da, 136-7; e conhecimento, 74

culturas orientais, 68-9

currículo, 74, 134-6, 148, 150, 154, 164, 179

dados, insuficientes, 201

darwinismo, 143

Educação e ordem social

debate cidadão versus indivíduo, 7-22; atitude de cidadão, 8-9; burocrata, educação do, 74-5; ser humano completo, atributos do, 9; perigos da educação na cidadania, 13-14; elementos da boa cidadania enfatizados na educação, 15; bem do indivíduo e da comunidade, 8-10; inadequação da cidadania como ideal, 10-1; reconciliação da, 205-19; religião, 11-4; e ciência, 17-9; verdade, conceito de, 19-20

debate indivíduo versus cidadão *consulte* debate cidadão versus indivíduo

debate sobre inato ou adquirido, 45-6; *consulte também* hereditariedade e educação

debate, necessidade de, 148-50

deficiência mental, 40-1, 152

descoberta, 17-9, 49, 108, 155

desgaste, emocional, 156-7

desigualdade, econômica, 129, 131-3

Deus, existência de, 94, 98-9

Deuses, 90

diferenças congênitas, 42

dificuldades de aprendizagem, 40-1, 152-3

Direito Criminal, 86-7

disciplina, 29-34, 84-5; e emoção, 47-54

Disraeli, B., 80-1, 137-8

distinção entre mente e corpo, 135-6

distinções de classe, 131-41; nova forma na educação, 137; *consulte também* classe social

distúrbios nervosos, 41-2, 50, 105-6; na adolescência, 218-9

doações, 183-6

docência, 96, 211-3

Docilidade, 149

dogmas, infundados *consulte* premissas, duvidosas

dogmatismo, 168-70

economia: orçamento para educação, 177-9; sistema de distribuição, 179-80; e educação, 175-88; e doações, 183-6; e patriotismo, 183-4; e produção, 178-80; e tradição, 185-7

educação democrática, 71-3

educação em casa, dificuldade do argumento casa versus escola, 59

educação em excesso, 155-6, 182

educação livre, 87

educação obrigatória: perigos da, 25-7; e liberalismo, 24-5; necessidade de, 33-5; e propaganda, 191-3; na Rússia, 161-2; universal, estabelecimento da, 177-8 educação ocidental e comunista, semelhanças, 160

educação sexual, 104, 167, 218; e cristianismo, 102, 110-1; na Rússia, 167; silêncio, política da, 106-7; tabus, 111

emoção, 9, 96-7, 196, 216; e disciplina, 47-54; propaganda, emocional, 196-7; e religião, 94-5

empreendimento empresarial, 180-1

ensino de História, 122, 125, 127, 157, 206-7

ensino misto, 167-8

ensino superior, 150-1, 157-8, 170; *consulte também* universidades

entomologia, econômica, 178-80

escolas de ensino fundamental, 177

escolas especiais, para crianças talentosas, 85-6, 152-4

escolas públicas, 21, 49, 67-70, 74, 93, 108-9, 206

escolas: início da frequência, 33-4; duração da frequência, 34-5; isolamento dos alunos quanto à influência feminina, 67-8

escovação de dentes, 28-9

Escravidão, 86, 98, 130

Escrita, 34-5, 178

esnobismo, 16, 27-8, 83, 135, 148-9, 167

Espaço, 8-14, 25, 45-6, 57-8, 74-5

Espíritos, 89

espontaneidade, morte da, 26-7

Estado mundial, 209-10

Estado: crianças criadas somente pelo, 59-62; e educação, 13, 59-61; e família, 65; funções do, 119-20; lealdade ao, 121-2, 206-7; coesão nacional dentro do, 21-2; poder do, 119-21; e educação religiosa, 91-2; treinamento de cidadãos pelo, 11-2; Estado mundial, 21-2, 60-1; *consulte também* patriotismo

Estados Unidos *consulte* América

estatísticas, hereditariedade e educação, 213

Estoicos, 9

estrangeiros, ódio a, 121-2

estudos com gêmeos, 38-9

ética, cristã, 101-2; e educação sexual, 87-90; *consulte também* moralidade/educação moral

Eton, 67, 71; Shelley em, 78

Eugenia, 37, 41-3

Europa, educação na, 145, 175-6

Evolução, 143

excêntricos, 78, 209-10; tolerância com, 71, 209-10

exploração, capitalista, 98-9

Externatos, 55-6, 58, 162-3

fadiga, 147-8, 157-8

família patriarcal, 110-4, 131, 159, 180, 186-7

Educação e ordem social

Família Real, 65
família Rothschild, 117
família, 111-3; inexistência da, 62, 170-1; patriarcal, 110-1, 114, 130-1, 159, 186-7; e Estado, 65
fatos da vida, sigilo sobre, 105-7
fazendeiros, 15
fé, perda da, 99-100
Felicidade, 17, 33, 51-2, 70, 109, 193-5, 218-9; cotidiana, 67-8, 87; no paraíso, 98-9
Filantropia, 117-8
filosofia escolástica, 176
Física, 8-9, 48, 56, 63, 84-5, 106, 108, 136, 145, 167, 215
fogueiras de Smithfield, 190
Forças Armadas, 120-3, 126, 195, 217
Ford, Henry, 181
forma correta, 44
Frades, 176
França, 72-3, 81-2, 207-8
Frederico II, Imperador, 176
Freud, Sigmund, 49, 105

Galton, Francis, 45
gêmeos idênticos, estudos de, 38-9
genes, 44-5
genética versus psicologia, 37-8
gentios, 79-80
Geometria, 10-1, 148
George, Henry, 180

Goddard, Henry H., 37
Godwin, William, 39-41
Goethe, Johann Wolfgang von, 8
Gramática, 147, 154-5
gravidez, desconhecimento sobre, 107-8
gravidezes, adolescência, 109-10
greve geral, 16
grupos, 117-9
Guerra, 13, 22, 32, 48-9, 53, 68-9, 73-4, 89, 97-8, 117-8, 120-3, 136-7, 190-2, 195, 200-1, 208-10; e competição, 217-8; eliminação da, 206-7; e propaganda, 197-8; ensino dos horrores da, 124-7
guerras de religião, 191
Guilherme, o Conquistador, 81-2

habilidades sociais, em escolas, 213
habitantes da cidade, 21, 89, 120, 126, 185; *consulte também* crianças urbanas, necessidades das
Hábitos, 24, 28-9, 49-50, 89, 162, 218
Hamlet, 150
Harmonia, 10, 198, 205, 216-7
Harrow, 67
Hegel, G. W. F., 91
Helenismo, 91
herança, 43, 45-6, 112, 129-31, 180-4

hereditariedade e educação, 37-46; dificuldade de separar, 44-5

hereges, 191

Heródoto, 39

hino nacional, 123, 128

Hipócrates, 41-2

Hogben, Lancelot, 37

homem cognitivo, 9

homossexualidade, 70, 108

honestidade, 30-1, 134

Hume, David, 96

Hunt, Leigh, 19-20

Huxley, Julian, 164

Idade Média, 47, 185, 218; tradição eclesiástica da, 12

ideias políticas, influência no início da educação, 48

idioma grego, 176

idioma latino, 154-5, 176

idiotia, 41

Igreja Anglicana, 89, 98, 185

Igreja, 13-4, 26, 47, 89, 91-2, 98, 102, 117, 184-5, 197, 199, 209; e educação, 12, 60-2, 92; *consulte também* cristianismo; religião/instituições religiosas; catolicismo romano

Igrejas Livres da Escócia (*Wee Frees*), 185

Igrejas Livres, Escócia, 185

igualdade de gênero, 110-3, 174, 187-8, 195-6

igualdade sexual, 113-5

imagem materna, 70

imaginação, 9, 16, 115, 144-8

imortalidade, 95, 203

imparcialidade, intelectual, 100-1

imperador romano, 13

imperialismo, 69-70, 183

imprensa, 123, 134, 191-2

Índia: libertação da, 207-8; patriotismo na, 10-1, 66; religião na, 24, 90-1, 200, diferenças individuais, 82

Individualismo, 13, 58, 138, 215

industrialismo, 21, 143

Inferno, 98, 146

informações inúteis, ensino de, 157

injustiça, 15-6, 53, 98, 106, 125, 132-3, 140-1, 208-9, 218-9

Inquisição espanhola, 190

inquisitivo, espírito, 150

insanidade, 92, 100-1, 173, 219

insegurança, 182

instintos, 41, 42, 163-4

instituições, cuidado de crianças em, 162-3

instrução: objetivos da educação, 47, 157, 161-2; e frequência obrigatória nas aulas, 34-5; excessiva, 26-7, 156; útil, necessidade de, 56, 156

inteligência: e tamanho do cérebro, 40-1; e escolas públicas, 68-9; e educação religiosa,

95-6, 101; *consulte também* crianças talentosas

internatos, 58-9

Islã, 13-4, 91

Jacobinismo, 190

Japão: budismo no, 12-3; patriotismo no, 65-6; moralidade sexual, 111

jardins de infância, 56, 178; na Rússia, 168

Jefferson, Thomas, 10-1

Jesuítas, 190

"Jovens Pioneiros", 166-7

judaísmo/povo judeu, 79-80, 111

Judgement and Reasoning in the Child (Piaget), 148

juízo, 11, 63, 95, 110, 157, 190, 196, 201, 203-4, 215-6, 219

Kropotkin, Piotr, 81-2, 85

laissez-faire, 25, 143

Leibniz, Gottfried Wilhelm, 8

leis de cercamento, 66

leitura, 34, 105, 136-7, 147, 165, 178, 191

Lênin, V., 160-1, 166-7, 170, 209

liberalismo político, 24

liberalismo, e liberdade na educação, 24-8

liberdade na educação: argumentação contra, 27-33;

argumentação a favor, 25-7, 52-3; e liberalismo, 24-5

Liga das Nações, 125-8

limpeza excessiva, 27-8

Literatura, 26, 74, 85, 105, 147, 157, 165

Locke, John, 55

louvor ou culpa, 11

luta de classes, 161-2, 170-3

manufatura, 130-1, 137

Maometanos, 93, 176

Marx, Karl, 80, 131-2, 165, 169-70, 173-4, 209

Marxismo, 131, 169-70; *consulte também* comunismo; Rússia

masturbação, 70, 105-10

materialismo dialético, 170, 204

McMillan, Margaret, 56-7

medo: de rebanhos, 78-80; de castigo, 149; e religião, 98-9; na educação sexual, 107-8

meninos: talentosos, 40-1, 83-4, 152-3; rebanhos de, 81-2; isolamento da influência feminina, 67, 69-70; e educação sexual, 104-7

mentiras, 106-7, 113-4, 124, 132-3

metafísica, 8, 11, 91, 135-6, 198

México, nação como família, 65

místicos, 9

molhar a cama, 49-50

monarquia, 80

monges, 176

moralidade/educação moral, 47, 50-1, 61, 90, 111, 115, 161, 188; e religião/ética cristã, 61, 90, 100; e educação russa, 167; e sexualidade, 188

mortalidade, 179, 186

mouros, 176

movimento romântico, 25

Mozart, W. A., 30, 45

mudança, defensor da, 16-7

mulheres: e celibato, 104-5; desprezo pelas, 69-70; igualdade das, 110-3, 174, 186-7, 195-6; como propriedade privada, 131-2; virtude das, 110-3, 186-7

nação, como família, 65

nacionalismo, 123-4, 127-8, 190-2; judeu80-1; militante, 80, 183-4, 206-7; e propaganda, 192, 200; *consulte também* patriotismo

nações, 11, 61, 79-80, 101, 120-1, 123-8, 141, 144, 176, 178, 183, 190-2, 195-6, 200-1, 206, 216-7

não interferência, doutrina da, 84

nascimento, reverência ao, 133

natureza reacionária da educação, 15

necessidades, 22, 24, 52, 56-7, 103, 130, 183

necessidades alimentares, 56-7

Newton, Isaac, 8, 29, 39, 122, 173

O capital, 173-4

obediência, 47

objetivos da educação, 47

Ódio, 17, 25-7, 51, 66, 80, 121, 124, 193, 219

onipotência da educação, crença na, 39-40

opiniões, 10-1, 40, 50, 53, 86-7, 103-4, 110, 117-18, 150, 168, 185, 199, 202-3

oposição à educação, 79

ordens de homens, 130

orfanatos, 38, 44

organizações, propósito das, 118-9, 213, 215

orientais, 68-9

pacifistas, 125, 153, 207

Pais da Igreja, individualismo dos, 13

palavras chulas, 53

paraíso, 99, 203

Parmênides, 91

parquinhos, comunais, 58

Partido Kuo Min Tang, China, 66

partidos políticos, propaganda para, 191-2

Paternidade, 63, 113

patriotismo, 15, 65-6, 86, 121, 126, 166, 197-8, 214-5; e competição, 144-5; e economia,

Educação e ordem social

126-7, 182-3; na educação, 117-28; limitações do ensino, 121-2; como histeria em massa, 122; objeções ao ensino do, 192-3; tirar proveito do, 122, 183

Pavlov, Ivan, 41-2, 147-8

Pérsia, 91, 120

Personalidade, 199; integração à, falhas, 77

persuasão, 33, 35, 189

Peru, nação como família, 65

pesquisa médica, 179

pesquisa, benefícios da, 45-6, 118-9, 134, 139-40, 145

pessoas criativas: capacidade artística, 145-6; ênfase na correção, 26-7; excelência em, 42-4; literatura, 147-8

Piaget, J., 148

Pinkevitch, Albert P., 160-5, 167

pintura, 26, 146-7

Pitágoras, 10-1

Platão, 63, 91

Plotino, 91

Plutarco, 136

Plutocratas, 73, 99, 134, 184

poder, luta pelo, 206

poder, sabedoria e amor, 9

Polônia, 183

pontualidade, necessidade de, 29

predestinação, 185

premissas, duvidosas, 94-5; e propaganda, 193

príncipe regente, 19-20

privilégio, injusto, 73

problemas de saúde, 134-5, 144-5, 150-1, 155

procriação, 106-7

profetas hebreus, 90-1, 132-3

proletariado, 161-3, 170-1

proletários, 133, 170, 203

propaganda, 193, 200-6; e coesão, 200-4; definição, 126-7, 162, 167, 191-2; direta e indireta, 183, 193, 196-7; na educação, 189-204; emocional, 47-8, 196-7; formas, 165, 191-3; e premissas, 190-1, 198-200; em escolas russas, 168, 171-2, 207-8; e verdade, conceito de, 193, 200

propriedade alheia, respeito pela, 30-1

propriedade de terras, 129-30, 181

propriedade privada, 112, 131-2, 159, 182-5, 188; em mulheres e crianças, 63, 112, 131-2

prostituição, 109

protestantismo, 13-4, 90-1

providência, 123

psicanálise, 49

psicologia versus genética, 37-9

puberdade, 70, 107-11

pudores excessivos, 104-7, 114-5

Quacres 92-93

qualidade pessoal, 146-7

quociente de inteligência (QI), 38, 152-3

raciocínio e conhecimento abstrato, 35, 61, 95, 148, 172-3
raciocínio falaz, 194-5
racionalismo, 65-6, 184
Racismo, 78-80
radicais, 37, 42
raquitismo, 56-7
razão, 47-8, 96-7, 147-8, 196-9
reação, doutrina da, 93-4
Rebanhos, 72, 79-83, 85-6, 205, 210; na educação, 77-87; medo de, 49, 79; grande, 77-9, 86; instinto de rebanho, 47, 85; hostilidade em, 78; comum, 78, 81; pressão, 78, 81, 83-5, 211; pequeno, 77-9; fazer oposição a, 84-5; tirania dos, 71, 81, 85
rebelião, 11-2
recompensas e castigos, 48-52
reflexo condicionado, 31
reflexos não condicionados, 42
reflexos, condicionados/não condicionados, 40-2
Reforma, 185, 190-1, 199, 206n.1, 207; como Revolta Protestante, 206n.1
rei Davi, 90
Rei Lear, 81
religião institucional, 91-3
religião órfica, Grécia, 90-1

religião pessoal, 91-2
religião/instituições religiosas, 12, 53, 65, 80-1, 184-5; perigos da instrução religiosa, 60-1; desenvolvimento da, 92, 95, 99; desenvolvimento histórico, 90-1, 97-9; e moralidade, 94, 100; pessoal e institucional, 91-3; religiões políticas, 13-4; e propaganda, 191-3; premissas, duvidosas, 94-5; educação religiosa, 60-1, 92, 101, 168; Rússia, educação religiosa na, 15, 168-9; *consulte também* cristianismo; islã; judaísmo/povo judeu; catolicismo romano
Renascença, 12, 74, 138, 175-6
respeito por adultos, 52-3
retidão, 90-1
Revolução Francesa, 15, 66, 82-3, 150, 190
Revolução Industrial, 178
Revolução Russa, 15, 74
Riqueza, 70-1, 120, 131-4, 136-8, 180-2, 210-1; e currículo, 136; educação de crianças ricas, 131; fontes de, 129-30, 177, 180-1; e superioridade, percepções de, 132-3
romanos, 11, 60, 65-6, 97-100, 136-7, 196-7
rotina, importância para a segurança, 31-2, 52

Educação e ordem social

roubo, 100-2

Rousseau, J.-J., 24, 55

Rugby, escola pública em, 67

Rússia: aspirações do governo soviético, 159, 206-7; comunismo na *consulte* comunismo; educação e estudo na, 16, 63, 125, 159, 166; ênfase na transformação em escolas soviéticas, 168-9, 177; e família, 63-4; méritos da educação na, 161-2, 172; moralidade no sistema educacional, 161-2; jardins de infância, 63; participação da escola na vida da comunidade, 168, 170-1; atividades da vida prática, ensino de, 15, 61; propaganda em escolas, 161; educação sexual, 167; 35a Conferência Pan-Russa sobre Educação Pré-escolar, 165-6; "Jovens Pioneiros", 166-7

Sabatistas, 118

sacerdócio, 175-6, 180-1

Sacrifícios, 90, 97, 191

Salisbury, Lorde, 120

Salvação, 90-1

Sanidade, 50-1, 92-3, 100-1, 173, 218-9

santos, cristãos, 9

São João Batista, 215

segregação dos sexos, 108

Selvagens, 68-9, 129-30

sentimento, 50-1

ser humano perfeito, 9

serviço militar, 124

Shakespeare, William, 122, 150

Shelley, Percy B., 39, 71, 78; em Eton, 78

sindicalismo, 144

sistema de provas, 157-8

sistemas sociais, e educação, 140-1

socialismo, 191-3

sociedade orgânica, 73-4

sociedades pré-industriais, 133-4

Spinoza, B., 91

Standard Oil Company, 134

status quo, 10, 15-7, 87, 128, 140, 184

sucesso, e disciplina, 33

Sun Yat-sen, China, 66

superioridade nórdica, crença na, 37-9

tabus, sexuais, 53-4, 96, 107-8, 111-2

taoísmo, 90-1

temperamento, 7, 41-2, 53-4

tempo, irrealidade do, 91-3

Teologia, 9-10, 61, 95-6, 169

teoria negativa da educação, 23-35

teorias da educação, 23-4

Terman, Lewis M., 37

testes de inteligência, 152, 213-4; limitações de, 43-4

The New Education in the Soviet Republic (Pinkevitch), 160
Tibete, budismo no, 13
Tom Brown's Schooldays (Hughes), 84-5
trabalho de pós-graduação, 157
trabalho manual, percepções sobre o, 136, 163-4, 167
trabalho profissional e conhecimento universitário, 139-40
tradição bizantina, 14, 18
tradição, 12-4, 21, 66-7, 89, 91, 177, 186-7
Transvaal, ouro descoberto no, 120
Tratado de Versalhes, 192
treinamento do caráter, 37, 40-2, 49-51
três pessoas da Trindade, 9-10
Tribos, 101-2, 129, 185

Uberti, Farinata degli, 146
Ucrânia, 183
união de fato, 110
União Soviética *consulte* Rússia
uniformidade, amor à, 205-6, 210

Universidades, 15-6, 21, 113, 134, 138-9, 153, 177, 184
URSS *consulte* Rússia

valores, 16-7, 58, 62, 87, 92, 193-5
Verdade, 7-8, 18-24, 35, 96-7, 125
vícios, consequências públicas, 90
vida após a morte, 94-5, 99-100
viés, entre professores, 154-5, 201-2
Virilidade, 79
virtude, 13, 29, 47, 61, 66, 99, 100-1, 105-6, 111, 122, 134, 151, 169, 189; das esposas, 110, 112-3, 186-7
virtudes intelectuais, 100-1
visão utilitária da educação, 177-8
vontade, 9-10; fortalecimento da, 32-3

Walpole, Horace, 137
Washington, George, 10-1
Watson, John B., 39-42, 53-4
Watt, James, 8
Winchester, escola pública em, 67

SOBRE O LIVRO

Formato: 14 x 21 cm
Mancha: 23 x 44 paicas
Tipologia: Venetian 301 12,5/16
Papel: Off-white 80 g/m² (miolo)
Cartão Supremo 250 g/m² (capa)
1ª *edição Editora Unesp*: 2018

EQUIPE DE REALIZAÇÃO

Capa
Marcelo Girard

Imagem da capa
Tables and chairs are neatly lined up for exams in Whitworth Hall building at The
University of Manchester © Russell Hart / Alamy Stock Photo

Edição de texto
Fábio Fujita (Copidesque)
Tulio Kawata (Revisão)

Editoração eletrônica
Sergio Gzeschnik (Diagramação)

Assistência editorial
Alberto Bononi
Richard Sanches

Impresso por :

Graphium
gráfica e editora

Tel.:11 2769-9056